会计真账一本通
出 纳 岗 位 实 训

主编　王淑琴　李怀继　王亚杰　蔡丽君

立信会计出版社
LIXIN ACCOUNTING PUBLISHING HOUSE

图书在版编目(CIP)数据

会计真账一本通. 出纳岗位实训 / 王淑琴等主编.
--上海：立信会计出版社，2021.12(2022.5 重印)
ISBN 978-7-5429-7036-7

Ⅰ. ①会…　Ⅱ. ①王…　Ⅲ. ①出纳-账务处理　Ⅳ.
①F231.2

中国版本图书馆 CIP 数据核字(2021)第 281233 号

责任编辑　　王斯龙

会计真账一本通——出纳岗位实训
KUAIJI ZHENZHANG YIBENTONG CHUNA GANGWEI SHIXUN

出版发行	立信会计出版社				
地　　址	上海市中山西路 2230 号		邮政编码	200235 、	
电　　话	(021)64411389		传　　真	(021)64411325	
网　　址	www. lixinaph. com		电子邮箱	lixinaph2019@ 126. com	
网上书店	http://lixin. jd. com		http://lxkjcbs. tmall. com		
经　　销	各地新华书店				

印　　刷	常熟市华顺印刷有限公司
开　　本	787 毫米×1092 毫米　1/16
印　　张	17
字　　数	446 千字
版　　次	2021 年 12 月第 1 版
印　　次	2022 年 5 月第 2 次
印　　数	3 001—6 100
书　　号	ISBN 978-7-5429-7036-7/F
定　　价	78. 00 元

如有印订差错,请与本社联系调换

前　言

　　本书以出纳业务的全流程为主线,每个部分的内容都是出纳工作中的一个重要环节。以这种方式安排内容,可以让读者在真实的出纳工作全流程中学习实务知识,而不是单纯地学习理论知识。

　　书中以一家模拟公司为案例背景,配合真实票据与实训系统,使得所有出纳业务的处理更加贴近实际,让读者更能切实感受出纳工作的具体处理细节,真正做到理论与实践紧密结合。本书内容包括出纳、会计助理就业岗前实训,出纳技能要点,出纳业务综合实训,票据簿。

　　为了更直观地再现会计实务操作,读者可自行选购记账凭证、会计账簿等工具进行手工账务处理。本书所涉及的案例、题目中的姓名、单位、地址、日期、身份证号码、银行相关信息等,仅为阐释内容和引导思考而编写,如有雷同,纯属巧合。

　　本书由王淑琴、李怀继、王亚杰、蔡丽君担任主编。具体编写分工如下:王淑琴负责编写第二部分的内容及票据整理;李怀继、王亚杰负责编写第一部分的内容及票据整理;蔡丽君负责整个票据部分的协调整理及统稿工作。

编　者

2021 年 12 月

目　录

出纳、会计助理就业岗前实习

情景导入

　　方芳是某财经大学的大四应届生,正面临毕业实习找工作。通过江东东方科技有限公司的面试,她获得了出纳岗位的实习工作。本次面试的面试官为该公司的财务主管。方芳在校学习成绩优异,学习能力强、善于沟通、积极主动、态度认真,但是缺乏出纳方面的相关经验。

　　方芳入职后,公司先对方芳进行组织结构、企业文化、财务制度等方面内容的培训,然后安排财务主管张咏梅亲自指导方芳,针对出纳所涉及的日常经济业务进行系统的岗前培训,主要包括现金收支业务的处理、票据(支票、汇票等)的使用、网银的操作、银行存款日记账和现金日记账的登记、Excel的练习等。经过一个月的岗前培训和实操训练后,方芳便独立胜任出纳的工作。

　　接下来出纳岗位的具体工作由方芳独立负责,若财务工作中遇到不懂的专业知识,可以查询本书相关实训指导。让我们跟随方芳一起进入实训阶段吧!

第一部分　出纳技能要点

第一节　出纳岗位认知

一、出纳的含义

"出纳",是财务会计行业的专业术语,指资金的支出与收入。所谓"出"即支出,付出;而"纳"即收入。具体地讲,出纳工作是管理货币资金、票据、有价证券进进出出的一项工作。

出纳是财务会计工作中不可或缺的一个重要的会计工作岗位。出纳人员从事会计工作的一部分,在企业货币资金的内部控制中扮演着一个重要的角色。

二、出纳工作的主要内容

(一)出纳工作的具体职责

表1-1-1　出纳工作的具体职责

职责	具体说明
(1)管理资金的收付	按规定办理资金的提取、划转、存入、发放、借款、还款和报销等收、付、存手续,认真落实合法收付原则
	遵守库存现金限额,超额部分及时送存银行
	现金管理要做到"日清月结",账面余额与库存现金每日下班前应及时查对
(2)管理账簿和凭证	按规定建立、登记、保管、更换、移交现金日记账和银行存款日记账,并依据"日清月结"的原则,按时结算、登记余额
	根据会计制度的规定,审核各项资金收付业务的原始凭证,制作、装订、保管和传递有关收付款记账凭证
(3)办理银行接口业务	按照所在单位和银行的规定,独立办理涉及银行接口的各项业务工作
	随时准确掌握单位库存现金和银行各账户的余额,杜绝签发远期支票和空头支票
	按照单位规定,每月完成单位所有账户资金往来和余额的对账工作
(4)管理重要物品	要建立适合本单位情况的现金和有价证券保管责任制度,以保证其安全与完整,如发生短缺,属于出纳人员责任的要进行赔偿
	按规定保管和使用重要物品(如:空白发票、空白支票、印章、票据、相关软件和密码、证照、U盾、钥匙等),确保安全、完好、无污损
(5)办理外汇出纳业务	应熟悉国家外汇管理制度,以方便及时办理结汇、购汇、付汇业务
(6)协助性工作	协助员工工资的发放;协助办理开票业务、税务业务等
(7)整理出纳资料	应当定期整理出纳资料,归类存放,便于查找

(二)出纳每天的固定工作内容

表1-1-2　出纳每天的固定工作内容

时间	工作内容
(1)上班后	检查、清点现金、印章、票据及办公设备是否完整、完好
	向上级请示当日资金安排计划
	补充编制当日工作计划,分清轻重缓急,根据时间进行安排
(2)工作期间	办理各项对内对外的收付款业务
	审核原始凭证和收付审批手续,登记日记账,办理报批手续
	处理其他出纳业务工作,领导交办的其他工作
(3)下班前30分钟内	查询银行账户余额,与银行存款日记账核对,确认无误
	清点库存现金,与现金日记账核对,确认无误
	发生账款不符的问题,本着日清月结的原则,立即查清原因,并做相应的调整
	以上级认可的方式,向上级报告当日资金结余数额
	编写次日工作计划
(4)下班离开前	将当日所有的账表、涉密资料锁存
	将贵重物品存入保险柜,如现金、票据、印章等
	检查所有应当锁存的物件是否已完全存入锁好
	整理桌面和办公环境

(三)出纳每月的固定工作内容

表1-1-3　出纳每月的固定工作内容

时间	工作内容
(1)月初	到银行打印上月银行回单和对账单,与企业账进行核对,做到准确一致。如有未达账项,编制银行存款余额调节表
(2)每月末3个工作日内	清点当月产生的票据、结算凭证,做好清点记录。如有疑问,须及时向上级报告
(3)每月末最后1个工作日	将现金日记账和银行存款日记账结算出余额
	盘点现金,盘点时,由会计人员监盘。盘点完成后,编制现金盘点报告表,现金盘点报告表一式两份,由出纳和会计人员各执一份
	编写出纳报告单交财务主管(有些单位不作此项要求)

(四)资金收付的五项原则

表1-1-4　资金收付的五项原则

工作原则	工作标准
(1)合法收付原则	确保所经手的资金收、付、存业务可以通过证据证明合法
	拒绝接受以非法目的或手段而发生的资金收、付、存业务
	杜绝违反法律、行政规章和单位制度的资金收、付、存行为

（续表）

工作原则	工作标准
（2）唱收唱付原则	收到资金时，应当在交款人面前清点，并报出实际清点完毕的数额，获得交款人的确认（含钱币的真伪验证）
	支付资金时，应当在交给收款人的同时，告知所交付的数额，并要求收款人当面点清，双方确认无误（含钱币的真伪验证）
（3）收付两清原则	接收和交出资金，一般应当由交接双方的经手人履行当面清点和签名手续
	制作一式三联的收款凭证
（4）日清月结原则	当天发生的资金收付业务，必须在当天完成清点、核对、登记工作
	每月发生的资金收付业务，必须在最后一天收付工作结束后，进行凭证整理、账目结转等收尾工作
（5）账款分管原则	使管钱的人避嫌，有利于资金监管
	出纳应当主动、定期就现金和银行存款的实际收付金额及余额，提请会计人员进行审查、监督

（五）出纳人员的职业道德

表 1-1-5 出纳人员的职业道德

职业守则	具体说明
清正廉洁	清正廉洁是出纳人员的立业之本，是出纳人员职业道德的基本要求
坚持原则	出纳人员肩负着处理各种利益关系的重任，只有坚持原则，才能正确处理国家、集体与个人的利益关系
爱岗敬业	出纳人员应当热爱本职工作，努力钻研业务，使自己的知识和技能适应所从事工作的要求
熟悉法规	出纳人员应当熟悉财经法律、法规和国家统一会计制度，并结合会计工作进行广泛宣传
依法办事	出纳人员应当按照会计法律、法规和国家统一会计制度规定的程序和要求进行会计工作，保证提供的会计信息合法、真实、准确、及时、完整
客观公正	出纳人员在办理会计事务中，应当实事求是，客观公正
提升服务	出纳人员应当尽其所能，为改善单位的内部管理、提高经济效益服务
保守秘密	出纳人员应当保守本单位的商业秘密，除法律规定和单位领导同意外，不能私自向外界提供、泄露单位的会计信息

第二节 点验钞票

出纳是一个非常特殊的职业。在实际工作中,出纳人员要接触大量的货币资金,特别是现金。出纳人员对现金的辨别真伪、清点数量负有直接责任。所以,为了降低出纳的损失和提高工作效率,出纳人员要快速辨别货币的真伪和不断提高点钞速度。

一、验钞

验钞是出纳人员最重要的基本技能之一。对于收到的每一张纸币,出纳人员都要进行认真的检验,稍有不慎就可能收到假币。而绝大多数企业中,出纳人员收到假钞大多是由出纳自己赔偿的。所以,除了申请购买验钞机外,出纳人员必须练就熟练验钞的本领。

(一)认识人民币

现在我国市场上流通的人民币是第五套人民币。第五套人民币于1999年开始流通,在基本图案不变的情况下,2005年,中国人民银行又开始发行2005版的第五套人民币。2015年11月,中国人民银行又发行了2015版100元纸币,规格、主图案未变,调整了票面图案,防伪特征及布局,采用了先进的公众防伪技术,更易于识别真伪。

2015版的100元纸币较2005版在外观、触觉上略有差异。总体来看,2015版第五套人民币100元纸币集成应用的防伪技术更为先进,布局更为合理,防伪技术水平较2005版100元纸币有明显提升。它们主要的差异如下。

1. 胶印对印图案变更

2015版左下角的图案变为数字"100"的胶印对印图案,2005版为荧光数字"100";2015版取消了左侧中间位置古钱币胶印对印图案。

2. 图案色彩变更

(1)正面:2015版票面正面中部,垂直观察,数字100以金色为主;正面中央团花图案中心花卉色彩由橘红色调整为紫色,取消花卉外淡蓝色花环,并对团花图案接线形式做了调整。

(2)背面:2015版左下角数字"100"上半部分颜色由深紫色调整为浅紫色,下半部分由大红色调整为橘红色,并对线纹结构进行调整。

3. 年号/图案调整

(1)正面:2015版右上角的数字"100"排列变为竖排的实心数字,并取消2005版数字下花型图案和隐形面额;2015版右侧中部取消凹印手感线,改为与正面左下角相同编号的蓝色数字。

(2)背面:2015版年号调整为"2015"。

4. 安全线变更

2015版票面正面右侧新增了光变镂空开窗安全线,垂直票面观察,安全线呈品红色;2005版安全线则位于票面正面左侧,交替隐藏在纸币正反面。

(二)辨别人民币

当今社会,假币屡禁不止,犯罪集团造假能力可谓五花八门,似乎防不胜防。但是假的真不了,只要我们准确掌握和应用真币的识别方法,就可以大大提高防范能力,减少误收假币的风险。为了能够准确辨别认出假币,出纳应当熟练掌握"一看二摸三听四测"的真币识别法。以2015 年发行的第五套人民币 100 元为例,如图 1-2-1、图 1-2-2 所示。

图 1-2-1　2015 版 100 元纸币正面

图 1-2-2　2015 版 100 元纸币反面

1．"一看"

1）看光变镂空开窗安全线

光变镂空开窗安全线位于票面正面右侧;垂直票面观察,安全线成品红色;与票面成一定角度观察,安全线成绿色;透光观察,可见安全线中正反交替排列的镂空文字"100",如图 1-2-3 所示。

图 1-2-3　人民币(光变镂空开窗安全线)

2）看光彩光变数字

光彩光变数字"100"位于票面正面中部；垂直票面观察，以金色为主；平视观察，以绿色为主；观察角度的改变，颜色在金色和绿色之间交替变化，一条亮光带上下滚动，如图1-2-4所示。

图1-2-4　人民币（光彩光变数字）

3）人像水印

人像水印位于纸币正面左侧空白处；透光观察，可见毛泽东头像，如图1-2-5所示。

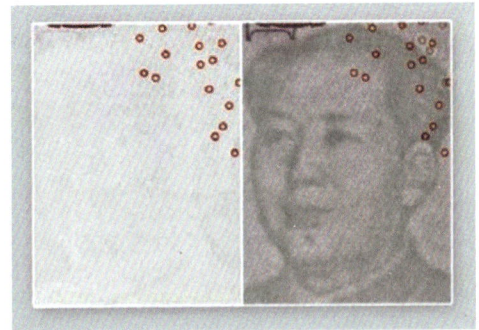

图1-2-5　人民币（水印）

4）胶印对印图案

胶印对印图案位于纸币正面左下方和背面右下方；两面都有数字"100"的局部图案，透光观察，可以组成一个完整的数字"100"，如图1-2-6所示。

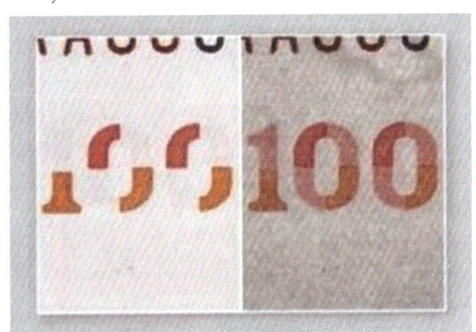

图1-2-6　人民币（"100"胶印对印图案）

5）横竖双号码

2015版人民币采用横竖双号码，正面左下方采用横号码，冠字和前两位数字为暗红色，后六位数字为黑色；右侧竖号码为蓝色，如图1-2-7所示。

第二节

图 1-2-7 人民币(横竖双号码)

6）白水印

白水印位于正面横号码下方；透光观察可以看到透光性很轻的水印面额字"100"，如图 1-2-8 所示。

图 1-2-8 人民币(白水印)

2."二摸"

人民币采用特种原料,由专用设备特制的印钞专用纸张印制,手感光滑,厚薄均匀,坚挺有韧性,手感与摸普通纸感觉不一样,如图 1-2-9 所示。

图 1-2-9 人民币(凹凸感)

1）摸纸币的凹凸感

纸币正面毛泽东头像、国徽、"中国人民银行"行名、右上角面额数字、盲文及背面人民大会堂等均采用雕刻凹印印刷,用手指触摸有明显的凹凸感。

2）摸纸币的纸质

真币手感厚薄均匀,光洁,挺韧耐折,不易撕裂。假币手感粗糙,有涩感,厚薄不匀,容易撕裂,还有的表面涂有蜡状物,手摸打滑。

3."三听"

"听"就是听抖动钞票的声响。手持钞票用力抖动、手指轻弹或两手一张一弛轻轻对称抖动钞票,均能发出清脆响亮的声音。而假币纸张发软、偏薄,声音发闷,不耐揉折。

4."四测"

用紫外灯光照射纸币,可以观察钞票纸张和油墨的荧光反应。将真币至于紫光灯下,纸币颜色无刺眼现象;假币则出现刺眼的蓝白光。但用这种方法检测时有时个别真币由于接触过肥皂粉等,也会出现刺眼的蓝白光。所以,用紫光检测时,还需观察其他特征。

(三) 假币的处理

1. 立即要求更换

出纳收款时如发现假币,应当立即要求交款人予以更换。如果交款人坚持不换,应当要求其共同前往附近的银行,进行鉴别。

2. 银行没收

出纳在银行交存现金时,如被银行柜台发现假币,会被当场没收,并向交款人开具一式四联的"假人民币没收收据"。为了防止从银行提取的现金中存在假币,应当在现场使用银行提供的验钞设备自行重复检验。发现假币,要立即通知银行工作人员处理。

3. 收假币的后果

由于出纳应当具备识别真币的业务能力,因此,当出纳误收或者误持假币,或者被银行没收,根据行业惯例,就要承担赔偿责任了。

二、点钞

出纳会不同程度地接触现金收付的业务。现金业务量的大小,由所在单位的行业特点和具体收付业务性质决定。在现实工作中,大部分行业并不需要出纳必须具备银行窗口柜员的飞快点钞速度,但作为从事现金收付专业工作的人员来说,点钞速度要比一般老百姓快。

因此,点钞是出纳人员必备的技能,必须做到"准"和"快"。"准"就是钞票清点不错不乱,准确无误,包括金额正确并迅速识别真假币;"快"是在准的前提下,加快点钞速度,提高工作效率。

实务工作中,先手工点钞,换币面正反点两遍,保证金额无误且为真币;然后再用点钞机点钞,确保无误。有条件的企业尽量买一台点钞机,以保证金额无误。

(一) 手工点钞

1. 点钞的基本程序

点钞的基本程序:拆把→点数→扎把→盖章。具体说明如下:

(1) 拆把:把待点的成把钞票的封条拆掉。

（2）点数：手点钞，脑记数，点准一百张。

（3）扎把：把点准的一百张钞票墩齐，用腰条扎紧。

（4）盖章：在扎好的钞票的腰条上加盖经办人名章，以明确责任。

2.点钞的基本要求

1）钞票要墩齐

需清点的钞票必须清理整齐、平直。这是点准钞票的前提，钞票不齐不易点准。要将对折角、弯折揉搓过的钞票弄直、抹平，将明显破裂、质软的钞票挑出来。根据票面金额整理顺序，清理好后，将钞票在桌面上墩齐。

2）开扇要均匀

钞票清点前，都要将票面捻开成扇形，使钞票有一个坡度，便于捻动。开扇均匀是指每张钞票的间隔距离必须一致，使之在捻钞过程中不易夹张，这也决定着点钞是否准确。

3）手指触面要小

手工点钞时，捻钞的手指与票子的接触面要小。如果手指接触过大，手指往返动作的幅度随之增大，从而使手指频率减慢，影响点钞速度。

4）动作连贯，点数协调

点钞时各个动作之间相互连贯是加快点钞速度的必要条件之一。清点动作要均匀，切记忽快忽慢，尽量减少不必要的小动作，以免影响动作的连贯性和点钞速度。点和数要相互配合，协调一致。点的速度快，记数跟不上，或者点的速度慢，记数过快都会造成点钞不准确。

3.点钞方法

为了便于练习，我们不重复类似于银行现金柜员使用的专业点钞方法，下面我们介绍最常见的手工点钞方法——单指单张点钞法，如图1-2-10所示。

图1-2-10　单指单张点钞法

单指单张点钞法，即用一个手指一次点一张的方法。单指单张点钞法是点钞中使用范围较广、频率较高的一种方法，适用于收款、付款和整点各种新旧大小钞票，具体操作方法分为以下三个步骤。

1）持票

左手横执钞票，下面朝向身体。左手拇指在钞票正面左端约1/4处，食指与中指在钞票背面与拇指同时捏住钞票，无名指与小指自然弯曲并伸向票前左下方，与中指夹紧钞票，食指伸直。拇指向上移动，按住钞票侧面，将钞票压成瓦形。左手将钞票从桌面上擦过，拇指顺势将钞票向上翻成微开的扇形,同时,右手拇指、食指作点钞准备。

2)清点

左手持钞并形成瓦形后,右手食指托住钞票背面右上角,用拇指尖逐张向下捻动钞票右上角,捻动幅度要小,不要抬的太高。要轻捻,食指在钞票背面的右端配合拇指捻动,左手拇指按捏钞票不要过紧,要配合右手起自然助推的作用。右手的无名指将捻起的钞票向怀里弹,要注意轻点快弹。

3)记数

与清点同时进行,在点数速度快的情况下,往往由于记数迟缓而影响点钞的效率,因此记数应该采用分组记数法。把 10 做 1 记,即 1、2、3、4、5、6、7、8、9、1(即 10),1、2、3、4、5、6、7、8、9、2(即 20),以此类推,数到即 1、2、3、4、5、6、7、8、9、10(即 100)。采用这种记数法记数简单又快捷,既省力又好记。但记数时要默记,不要念出声,做到脑、眼、手密切配合,既准又快。

4.注意事项

(1)点成捆现金时,一定要拆捆清点,必须对每张纸币进行真伪和金额的确认,不可简化。

(2)在点钞过程中,左手中指和无名指夹住纸币的力量尽可能大,以防止纸币脱落。

(3)点钞时,做到手中点钞、口中念数、脑中记数、眼睛挑残。

(4)对清点完的现金,从另一面进行二次清点,以提高清点的准确性。如果对清点结果不能确认,或者纸币数量较多,还可以增加清点次数。

(二)点钞机点钞

随着经济不断发展,出纳的收付业务量也日益增加,机器点钞已成为出纳点钞的主要方法。机器点钞大大提高了工作效率,减轻了出纳人员的劳动强度,把出纳人员从繁重的手工点钞劳动中解放了出来,它比手工点钞效率高得多。该点钞法适用于现金收入较多又较频繁的单位,可以用于清点整齐的大票,如图 1-2-11 所示。

图 1-2-11　点钞机点钞

1.操作步骤

1)整理纸币

使用点钞机前,要先将相同面额的纸币,按相同图案和相同方向排放整齐,并将残币单独放置。

2）上机点检

打开点钞机前部的挡钞板，将纸币放入点钞机后部的验钞口，机器便开始自动逐张进行机检。每检验认可一张纸币，机器的数显屏都会显示出已验过的纸币张数和金额。

3）二次清点

对已经检验完毕的纸币，还要倒换为另一面再行点验，确保数量和金额的准确，以及纸币的真假。

2. 点钞机异常处理

1）点钞机发出鸣音

一般情况下，点钞机发出连续鸣音，且磁性绿色灯闪亮，表示刚验完的一张纸币可能存在问题，应当重新检验。这时，按下功能键，即可停止鸣音；按下清零键，即可重新操作检验。经过重新检验的纸币上机后，如仍发出连续鸣音，且磁性绿色灯仍闪亮，基本可以判断这张纸币存在问题，需要专门甄别。

2）点钞机卡币

如果验钞过程中出现卡币现象，可能是由于纸币放入不正，或者纸币较为褶皱所致。可以关机并切断电源，掀开面板，再将卡币取出。必要时，应当送交专业机构进行维修。

3. 注意事项

（1）纸币不能有褶皱，一定要将纸币放正。

（2）点钞机运行时，不得将手或者非纸钞物品放入机内，防止发生人身或者设备事故。

（3）点钞数量较大时，还应当辅以人工清点，以确保准确。

（4）随着防伪技术的提高，应当及时对点钞机升级或者更换，以防止误检和漏检。

三、残币处理

残缺、污损的人民币是指票面撕裂、损缺，或因自然磨损、侵蚀，导致外观、质地受损，颜色变化，图案不清楚，防伪特征受损，不宜再继续流通使用的人民币。出纳应掌握银行对残币的兑换标准，并熟悉残损人民币的兑换方法。

（一）残币的兑换标准

中国人民银行残缺污损人民币兑换办法

第三条　凡办理人民币存取兼业务的金融机构（以下简称金融机构）应无偿为公众换残缺、污损人民币，不得拒绝兑换。

第四条　残缺、污损人民币兑换分"全额""半额"两种情况。

（一）能辨别面额，票面剩余四分之三（含四分之三）以上，其图案、文字能按原样连接的残缺、污损的人民币，金融机构应向持有人按原面额全部兑换。

......

（三）能辨别面额，票面剩余二分之一（含二分之一）至四分之三以下，其图案、文字能按原样连接的残缺、污损人民币，金融机构应向持有人按原面额的一半兑换。

纸币呈正十字形缺少四分之一的，按原面额一半兑换。

1. 属于下列情况之一的残币，可兑换全额

（1）票面残缺不超过1/4，其余部分的图案、文字能照原样连接。

（2）票面污损、熏焦、水湿、油浸、变色,但能辨别真假,票面完整或残缺不超过1/4,票面其余部分的图案、文字能照原样连接。

2.属于下列情况可兑换半额

票面残缺1/4至1/2,其余部分的图案、文字能照原样连接者,可按原面值的半数兑换,但残币不得流通使用。

3.属于下列情况之一者不予兑换

（1）票面残缺1/2以上。

（2）票面污损、熏焦、水湿、油浸、变色,不能辨别真假。

（3）故意挖补、涂改、剪贴、拼凑、揭去一面。

凡能兑换全额和半额人民币的残币,可向各个银行兑换。因此,对于出纳而言,原则上凡不能兑换的残币一律不收,凡能全额兑换的可在收后进行兑换,可兑换半额的残币也尽量不收,如图1-2-12所示。

图1-2-12　残币的兑换标准

（二）残币的兑换方法

兑换残损人民币,开户单位可到自己开户银行的现金专柜去兑换,公众可就近到办理人民币存取业务的金融机构去兑换。兑换时,由持票人填写统一格式的"残损票币兑换单",经办人员根据残损人民币兑换标准,仔细辨认票币的真伪、券别、张数等,待确定可兑换的金额后,征得持票人的同意,当面在残损票币上加盖"全额"或"半额"戳记以及两名经办人员名章,给予兑换。对不能兑换的票币,原则上不再退还给持票人;如果持票人不同意,可加盖"作废"戳记后再退还给持票人。

第三节　计算器的使用

计算器是出纳人员不可缺少的工具之一,出纳人员为提高其工作效率,应加强计算器练习,掌握盲打指法,提升自己的盲打技能。

一、认识计算器

市面上的计算器大同小异,我们在实际工作中,只需要最普通的就可以了,如图1-3-1所示。

图1-3-1　计算器

(一)常规键

数字、运算符号是计算器最常规的配置内容,我们需要熟悉每个键符的固定位置。

(二)更正键

AC键:用于清除所有正在运算的数据和运算符。

CE键:用于数据输入错误时清除最后一组,输入正确的一组数据。该键清除的是整组错误数据,不清除运算符。

▶键:用于数据输入错误时,将最后一个数字清除,再输入正确的一个数字。该数字清除后,剩余的最后一位数字仍可继续清除,以此类推。

举例说明,输入123+456时,选择不同的更正键,删除的内容是不一样的,如图1-3-2所示。

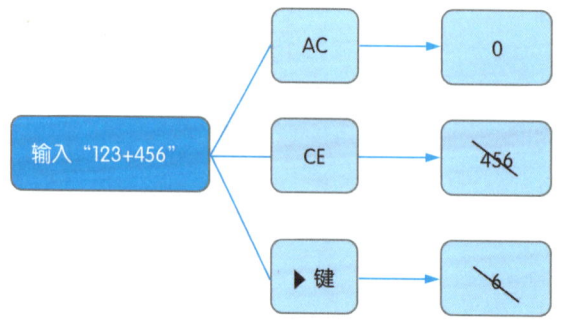

图1-3-2　不同的更正键

(三)常用储存键

M+键:可分别将不同的计算结果存入计算器。这些存入的数据为正数,彼此相加。

M−键:可分别将不同的计算结果存入计算器。这些存入的数据为负数,彼此相减。

MRC 键:第一次按下此键将调用存储器内容,第二次按下时清除存储器内容。

GT 键:按下该键传送 GT 存储寄存器内容到显示寄存器,按 AC 键消除 GT 显示标志。

以 M+进行举例说明(M−则是相对的记忆减功能),输入 3×800+3×500+4×300,操作步骤如下:

(1) 先算 3×800,按下"＝"后按"M+"。

(2) 再算 3×500,按下"＝"后按"M+"。

(3) 再算 4×300,按下"＝"后按"M+"。

(4) 最后按"MRC"键计算结果即可。

(四)％快捷键

计算器上的％键,适用于百分数的计算。可以在输入分子除以分母的数据后,直接按％键。这时计算器显示的数据,就是百分比数据。使用了％键,就不必进行输入"×100＝"的操作了。

二、盲打指法

就像使用计算机键盘,很多人能做到盲打一样,掌握计算器使用的规范指法,可以提高准确性和计算速度。只要加强练习,就能够达到计算器的盲打水平。

下面,我们以右手为例,描述各手指负责控制的键符:

右手食指,负责点击数字 7,4,1,0;

右手中指,负责点击数字 8,5,2,00;

右手无名指,负责点击 9,6,3,％和".";

右手小指,负责点击运算符+,−,×,÷,＝。

当然,你也可以按照自己习惯的操作方法使用计算器。只要能又准又快,同样可以做到盲打。

三、使用小技巧

日常练习的时候可以在草稿纸上先写下要打的数字,眼睛看着草稿纸,尽量不去盯着计算器,熟练操作,逐渐培养盲打的手感,最后看计算器的数字和原来设定好的答案是否一致。

第三节

第四节　保险柜的使用和管理

保险柜是企业存放重要物件的设备。随着时代的发展,机械性的保险柜已经比较少见了,常见的是现代化的电子保险柜,它的保密效果更为先进,如图 1-4-1 所示。

图 1-4-1　保险柜

一、保险柜的使用

企业的重要物品,应当按规定存入保险柜。各单位应配备保险柜,制定保险柜使用办法,加强对保险柜的使用管理,要求有关人员严格执行。

(一)保险柜的开启

保险柜只能由出纳人员开启使用,非出纳人员不得开启保险柜。一般情况下,保险柜的开启需要同时使用钥匙和密码。

1. 保险柜钥匙

保险柜要配备两把钥匙,一把由出纳人员保管,供出纳人员日常工作开启使用;另一把应当在安保部门或者最高负责人处备份封存,以备不时之需。出纳人员不能将保险柜钥匙交由他人代为保管。

2. 保险柜密码

密码应熟记于脑,不得书面记载,不得向非保险柜操作人员泄露。在输入密码开启密码锁的时候,要用另一只手挡着;开启保险柜后要及时上锁,出纳人员不得在保险柜未上锁前远离保险柜或者做其他工作。

出纳人员调动岗位,新出纳人员应更换使用新的密码。密码应当在安保部门或者最高负责人处备份封存,以备不时之需。

(二) 保险柜内的物品存放

每日终了后,出纳员应将其使用的空白支票(包括现金支票和转账支票)、收款收据、印章等放入保险柜内。保险柜内存放的现金应设置和登记现金日记账,其他有价证券、存折、票据等应按种类造册登记,贵重物品应按种类设置备查簿登记其质量、重量、金额等,所有财物应与账簿记录核对相符。有价证券、存折、现金放在最下面的小抽屉里。按规定,保险柜内不得存放私人财物。

二、保险柜的管理

(一) 保险柜的放置

保险柜应当置于财务部门出纳的办公现场,固定于地面或者墙体;保险柜一般不宜置于靠近门口和窗口的区域;保险柜门的朝向,要尽量避开非操作人员视觉区域。

(二) 保险柜的维护

(1) 保险柜应放置在隐蔽、干燥之处,注意通风、防湿、防潮、防虫和防鼠。

(2) 保险柜外应经常擦拭干净,保险柜内应保持整洁卫生、物品存放整齐。

(3) 一旦保险柜发生故障,应到公安局指定的维修地点进行维修,以防泄密或失盗。

(三) 保险柜被盗后的处理

万一发生保险柜被盗的情况,首先不要慌张,保护好现场,禁止无关人员进入现场,立即报警并报告上级领导,配合公安机关的勘察。

一般来说,发生失窃案件属于被动的刑事案件,在法律上出纳是没有责任的。但是,如果失窃资金的额度超出了相关规定,出纳应当承担赔偿责任。

第五节　财务书写规范

在实际的出纳工作中,有许多原始凭证需要填制,在填制过程中要注意书写的规范性,做到字迹清晰可见。一个合格的出纳人员,数字的书写应当规范清楚,这样才能提供正确、清晰且有效的数据信息。出纳书写的基本规范要求是:正确、规范、清晰、整洁、美观。

一、文字的书写规范

文字书写的总规则:言简意赅,字迹清晰。具体要求:

(1) 语言简洁,在规定的框或线内书写。

(2) 文字要清晰,要用正楷或行书书写。

(3) 文字书写一般要紧靠左竖线书写,文字与左竖线之间不得留有空白部分。

(4) 文字不能顶格写,一般要占空格的$\frac{1}{2}$或$\frac{2}{3}$。

(5) 要用蓝黑墨水或碳素墨水书写,不得用铅笔或圆珠笔。红色墨水只在特殊情况下使用。

二、数字的书写规范

(一)小写数字的书写要求

(1) 每个数字要大小匀称、笔画流畅、独立有形,且不能连笔书写。

(2) 每个数字要紧贴底线书写,但上端不可顶格,其高度占全格的$\frac{1}{2}$～$\frac{2}{3}$,要为更正错误数字留有余地。

(3) 书写顺序应从左至右,笔画顺序自上而下,先左后右。

(4) 角度方面,书写字体要自右上方向左下方倾斜,大致与水平线呈60度。

(5) "6"字要比一般数字向上方高出$\frac{1}{4}$的高度;"7"和"9"字则要下沉$\frac{1}{4}$的高度。

小写数字示例如图1-5-1所示。

图1-5-1　小写数字示例

(二)大写数字的书写要求

大写数字一律用正楷或行书书写,字迹清晰,排列整齐,字体规范,书写流利并且字迹美观,不能写草书,也不得用简化字代替,不得任意自造简化字(图1-5-2)。

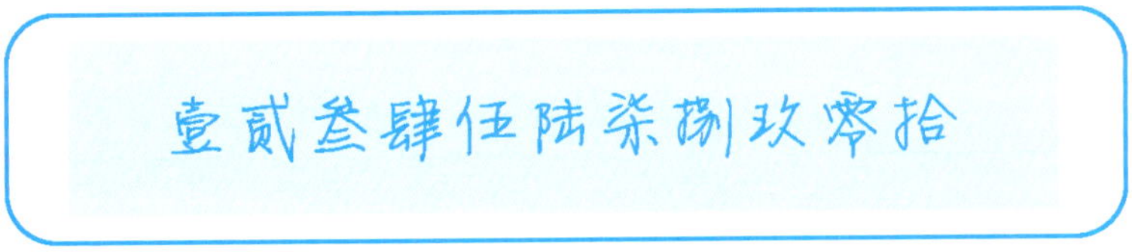

壹贰叁肆伍陆柒捌玖零拾

图 1-5-2　大写数字示例

三、金额的书写规范

(一) 小写金额的书写要求

(1) 阿拉伯数字金额前面,应填写货币符号,如人民币符号"¥"等,且货币符号与阿拉伯数字之间不得留有空白。以人民币符号为例,该符号本身已经表达了"元"的单位,所以小写金额写了人民币符号,金额数字之后就不要写"元"字。

(2) 以人民币为计量单位的,涉及具体金额的,一律书写到角、分,无角、分的,写"00"或"–";而有角无分的,分位写"0",不得写"–"。

(3) 当数字超过百位时,自个位数开始依序向左,在每 3 个数字之间加注千分号","。

小写金额的书写示例如表 1-5-1 所示。

表 1-5-1　小写金额的书写示例

无格式框	有格式框						
	万	千	百	十	元	角	分
¥ 0.05						¥	5
¥ 0.60					¥	6	0
¥ 4.00				¥	4	0	0
¥ 520.52		¥	5	2	0	5	2
¥ 1,235.00	¥	1	2	3	5	0	0

(二) 大写金额的书写要求

(1) 大写金额前面应标明货币名称,如以人民币计量的标明"人民币"字样,且其与首个金额数字之间不留空白,数字之间更不能留空白。

(2) 表示数字为拾几、拾几万时,大写金额前必须有数字"壹"字,例如:10 元应写为"壹拾元整"。

(3) 在印有大写金额万、仟、佰、拾、元、角、分的凭证上书写金额时,应对位书写,在金额中间有"0"的,均要写上"零"字,对于金额数字前有空格位的,要划叉注销。

(4) 注意"零"的书写规则。

① 没有 0,按实际数值书写。比如:3.45 元应写为"叁元肆角伍分"。

② 0 在边上,如表 1-5-2 所示。

表 1-5-2　"零"的书写规则——0 在边上

条件	大写要求	范例	汉字大写
金额仅为几分	元、角、分书写齐全	0.04 元	零元零角肆分
分位数为 0	"整"或者"正"可写可不写	4.20 元	肆元贰角整(正)
小数位的数值均为 0	元后直接书写"整"或者"正"	17.00 元	壹拾柒元整(正)

③ 0 在中间,如表 1-5-3 所示。

表 1-5-3 "零"的书写规则——0 在中间

条件	大写要求	范例	汉字大写
一个 0 时	大写金额要写零	¥203.50	贰佰零叁元伍角整
多个 0 时	只写一个零	¥1005.78	壹仟零伍元柒角捌分
个位为 0,但角位不为 0	不写零	¥1250.53	壹仟贰佰伍拾元伍角叁分

四、日期的书写规范

(一)小写日期的书写

小写日期的书写示例,如表 1-5-4 所示。

表 1-5-4 小写日期的书写示例

日期	书写要求说明	范例
年份	年份应当按照公历习惯,以阿拉伯数字和中文"年"字完整书写	2018 年
月份	月份为 1~9 月的,在月份前写"0"	08 月
	月份为 10~12 月的,按正常数字书写	12 月
日数	日数为 1~9 日的,在日数前写"0"	09 日
	日数为 10~31 日的,按正常数字书写	20 日

(二)大写日期的书写

《支付结算办法》规定票据的出票日期必须使用中文大写,以防止变造票据的出票日期,大写日期的书写示例,如表 1-5-5 所示。

表 1-5-5 大写日期的书写示例

日期	书写要求说明	范例
年份	年份应当按照公历习惯,以中文大写数字和中文"年"字完整书写	贰零壹捌年
月份	月份为 1、2、10 月的,在第一个数字前写"零"字	零壹月
	月份为 3~9 月的,按数字的中文发音规律书写,或在第一个数字前写"零"字	叁月或零叁月
	月份为 11、12 月的,在第一个数字前加写"壹"字	壹拾壹月
日数	日数为 1~9、10、20、30 日的,在第一个数字前写"零"字	零玖日
	日数为 11~19 日的,在第一个数字前写"壹"字	壹拾壹日
	日数为 21~29、31 日的,按数字的中文发音规律书写	贰拾捌日

第六节　印章的识别、使用与管理

印章是指企业日常工作中使用的单位和个人的各种签章。印章在出纳的日常工作中是必不可少的,出纳人员应该熟知不同印章的不同用处,并能够熟练运用。

一、印章的识别

出纳人员工作中较常见的企业印章主要有:公章、财务专用章、合同专用章、发票专用章、法人章、现金收讫章、现金付讫章等。

(1)公章:用于代表单位的书面文件。比如公函、介绍信、证明、协议、决定等。

(2)合同专用章:专用于代表单位的书面经济合同。比如采购合同、购销合同等。

(3)财务专用章:专用于代表单位对涉及财务事项的文件、凭证。比如银行备案的印鉴、开出的收据等。

(4)法定代表人章:专用于法定代表人及财务事项的凭证。

(5)发票专用章:专用于所开具的发票,代表单位对发票及其内容予以确认。

(6)现金收讫章:专用于收到现金的凭证。

(7)现金付讫章:专用于付出现金的凭证。

各类印章如图1-6-1所示。

图1-6-1　各类印章

二、印章的使用

(一)印章的刻制

企业印章在很多时候代表的是企业,因此其刻制也有一定的强制规定。企业公章、财务专用章、发票专用章必须由公安局等政府部门指定的刻章单位刻制,现金收讫、现金付讫章等企业内部用的印章一般由企业自行刻制即可。

(二) 盖章的方法

《预留印鉴管理暂行办法》规定,银行票据上盖的预留印鉴必须清晰、易辨别审核,否则银行不予受理。因此,出纳必须掌握正确的用印方法。

(1) 准备物品:需要用到的印章、印垫、印台或者印泥、对应颜色的印油。

(2) 盖章程序。

① 准备需要盖章的物件。

② 将印章在印台或印泥上均匀蘸色。

③ 在纸质与需要盖章的票据接近的其他纸面上试盖印章。

④ 确认盖章效果后可再次蘸色。

⑤ 正式盖章。

⑥ 收存盖章物品。

(3) 盖章技巧。

① 盖章时,要在印章接近纸面前,使印面与纸面处于基本平行的状态。

② 印面与纸面接触时,要轻放,并按住印章,防止发生错位移动。

③ 待印章在纸面上放稳后,一只手固定住印章,另一只手在印章顶部延周长方向对纸面垂直施力一圈。

④ 盖章后,要将印章垂直向上提起,离开纸面(图1-6-2)。

(4) 注意事项。

① 每一张纸面盖章后,都不要立刻覆盖任何物品。

② 印章离开纸面时,要防止出现印迹重影。

③ 接触刚盖章完毕的纸面时,要压住纸面,防止蹭污。

④ 环境空气湿度较大时,要增加试盖次数,防止洇渗。

图1-6-2　将印章提起

三、印章的管理

由于每个印鉴的作用不同,因此每个公司对印鉴的管理都有相应的制度。一般来说,各个印鉴要放在相应的保管人处,为了方便日常工作,出纳人员应清楚相关印鉴由谁保管。

(一) 专人保管

签发支票的各种印章,一般应由会计主管人员或指定专人保管,支票和印章不得全部交由一人保管,必须由两个人分别保管。

公章一般放在总经理或总经理授权人员处;法人章一般放在法人或法人授权人员处;财务专用章一般放在财务经理或财务经理指定人员处;发票专用章一般由销售会计管理,也有一些小企业会交给出纳管理;现金收讫、现金付讫章由出纳自行保管。

(二) 不得随意带出

原则上各种印章不得带出员工所在的工作单位,确因工作需要不得不带出企业使用的,也应该事先登记备查账簿,经财务部负责人或总经理批准之后才可以带出企业。

(三) 不滥用印章

印章的保管人员应严格按照规定使用印章,不得随意私自使用印章,不得擅自让他人代替、代盖印章。印章保管人员应对予以盖章的文件和印章使用单上载明的情况审核无误之后,才可以盖章。

(四) 预留印章的更换

单位的预留印鉴因日久磨损,或者改变单位名称、人员调动等原因更换印鉴时,应填写"更换印鉴申请书",由开户银行发放新印鉴卡。单位应将原印鉴盖在印鉴卡的反面,将新印鉴盖在印鉴卡的正面。

(五) 预留印鉴的遗失

出纳人员遗失单位印鉴后,应由企业出具证明,并经开户银行同意后,及时办理更换印鉴的手续。

(六) 印章、印鉴的销毁

由于单位变动、更名或其他原因停止使用印章、印鉴,或其破损无法使用时,应由保管人员报单位领导批准,对其进行封存或销毁,并由行政人员办理新章刻制事宜。

第七节　银行账户

企业发生的大部分(超过结算起点的)物资购销、费用支付、税费上缴等经济业务,按规定都要通过银行办理转账结算。银行存款是企业货币资产(资金)的主体部分,做好企业银行存款的核算和管理工作,对确保企业生产经营活动的正常进行具有重要的意义。

一、常用账户种类

银行结算账户按存款人的不同,分为单位银行结算账户和个人银行结算账户。存款人以单位名称开立的银行结算账户为单位银行结算账户。单位银行结算账户按用途不同,分为基本存款账户、一般存款账户、专用存款账户、临时存款账户,具体内容如表 1-7-1 所示。

表 1-7-1　银行结算账户的种类

分类	概念	说明
基本存款账户	存款人因办理日常转账结算和现金收付业务的需要而开立的银行结算账户	只能在银行开立一个基本存款账户,是企业的主办账户
一般存款账户	存款人在基本存款账户开户银行以外的银行营业机构开立的结算账户	可以办理现金缴存,但不得办理现金支取
专用存款账户	对其特定用途的资金进行专项管理和使用而开立的银行结算账户	特定用途资金主要包括基本建设资金和更新改造资金等需要专户管理的资金
临时存款账户	存款人为临时的资金活动需要,并在规定的期限内使用而开立的银行结算账户	临时存款账户的有效期限,最长不得超过两年

二、银行账户的设立

企业应当以实名开立银行结算账户,并对其出具的开户申请资料实质内容的真实性负责,但法律、行政法规另有规定的除外。企业应在注册地或住所地开立银行结算账户。企业开立的银行结算账户,需要核准的,应及时报送中国人民银行当地分支行核准;不需要核准的,应在开户之后的法定期限内向中国人民银行当地分支行备案。

(一)准备资料

企业申请开立基本存款账户时,应当向银行出具以下证明文件。因各银行政策略有差异,具体资料应提前咨询银行,准备充分后前往办理。常规资料如下:

(1)营业执照正本及加盖公章的复印件。

(2)企业法人身份证原件及加盖公章的复印件。

(3)单位介绍信。

(4)印鉴:公章、财务章、法定代表人或者拟在银行备案使用其他人员的个人名章。

（5）若办理开户申请的经办人不是法定代表人本人,还需要填写"授权书"及被授权经办人的身份证原件及加盖公章的复印件。

(二)办理流程

办理基本户、临时户采用备案制。办理流程如图 1-7-1 所示。

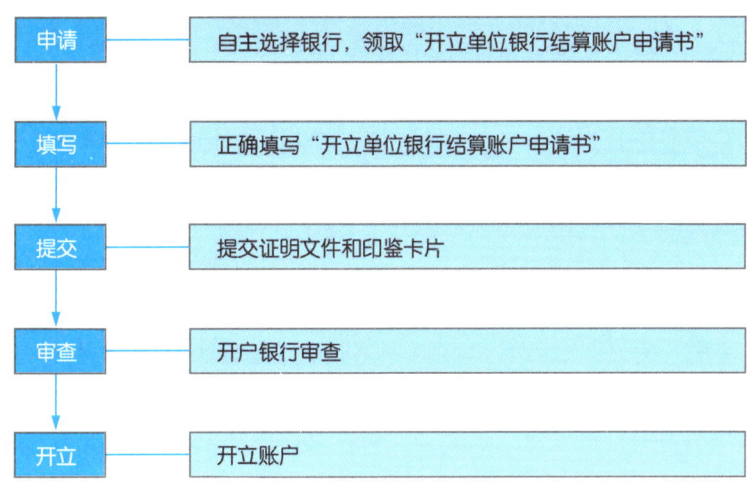

申请	自主选择银行,领取"开立单位银行结算账户申请书"
填写	正确填写"开立单位银行结算账户申请书"
提交	提交证明文件和印鉴卡片
审查	开户银行审查
开立	开立账户

图 1-7-1 银行账户开立流程

(三)注意事项

企业在开立银行结算账户过程中,应当注意以下问题:

（1）单位的预留签章为该单位的公章或财务专用章加其法定代表人（单位负责人）或其授权代理人的签名或盖章。

（2）账户名称、单位名称与预留银行签章中的公章或财务专用章的名称的一致性。企业申请开立的银行结算账户的账户名称、出具的开户证明文件上记载的单位名称以及预留银行签章中的公章或财务专用章的名称应当保持一致。特殊情况除外。

（3）开立其他账户时,需在开立基本存款账户的前提下开立。

三、银行账户的变更

银行结算账户变更是指存款人名称、单位法定代表人或主要负责人、住址以及其他开户资料的变更。单位的法定代表人或主要负责人、住址以及其他开户资料发生变更时,应于 5 个工作日内书面通知开户银行并提供有关证明。

实务中,很多企业因经营规模变大,办公地点变更等情况,需要变更银行账户的相关信息。一般情况下,企业发生信息变更时,申请银行账户变更的情况包括以下几种:企业名称、企业法定代表人、基本存款账户、银行预留印鉴、公司地址。

银行账户变更所需的资料可以直接到银行柜台进行咨询,也可以直接致电开户行。出纳在处理银行账户的变更时,其基本操作流程为:

（1）存款人到开户银行领取变更银行结算账户申请书。

（2）存款人将填写完整并加盖单位公章的申请书及变更所需的资料交开户银行。

（3）银行审核通过,银行账户变更完成。

四、银行账户的撤销

银行结算账户的撤销是指存款人因开户资格或其他原因终止银行结算账户使用的行为,即"销户"或"清户"。

实务中,很多企业由于办公地点发生变动,或者是由于其他原因都需要对现有银行账户进行撤销。一般情况下,需要将银行账户撤销的情况有以下几种:

(1)被撤并、解散、宣告破产或停业关闭的。

(2)由于时间关系必须终止账户使用的(临时存款账户 2 年期满)。

(3)因迁址需要变更开户银行的。

(4)其他原因需要撤销银行结算账户的。

撤销是指存款人因开户资格或其他原因终止银行结算账户使用的行为。存款人申请撤销银行结算账户时,应填写撤销银行结算账户申请书。属于申请撤销单位银行结算账户的,应加盖单位公章和法定代表人(单位负责人)或其授权代理人的签名或者盖章。

撤销银行结算账户时,应先撤销一般存款账户、专用存款账户、临时存款账户,将账户资金转入基本存款账户后,方可办理基本存款账户的撤销。

银行账户销户所需的资料可以直接到银行柜台进行咨询,也可以直接致电开户行。出纳在办理银行账户撤销时,其基本的流程为:

(1)存款人到开户银行领取撤销银行结算账户申请书。

(2)存款人将填写完整并加盖单位公章的申请书及相关资料送交开户银行。

(3)银行审核通过,账户撤销完成。

第八节 票据的管理与使用

一、支票

常用支票有现金支票、转账支票,如图1-8-1、图1-8-2所示。支票提示付款期限:自出票日起10天。支票使用范围:自2007年6月25日起,支票实现了全国通用,异城之间也可使用支票进行支付结算。

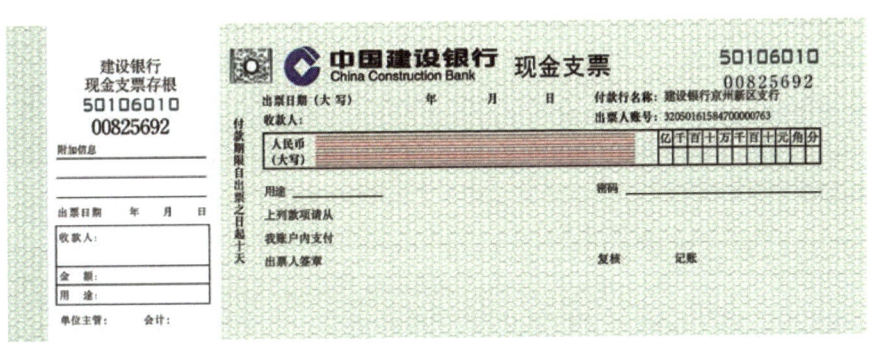

图1-8-1 现金支票

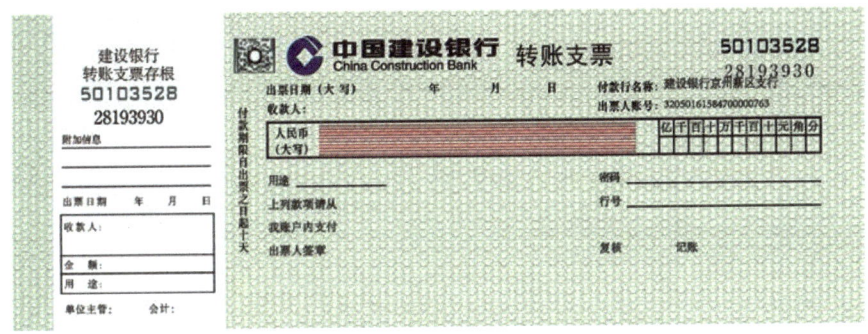

图1-8-2 转账支票

(一)现金支票

定义:专门用于支取现金。

现金支票有一定限制,用途栏一般填写"备用金""差旅费""工资""劳务费"等。

(二)转账支票

定义:专门用于单位之间通过银行进行转账结算的收款和付款结算,但不能存入个人账户。

转账支票的用途没有具体规定,可填写"货款""代理费"。

(三)现金支票和转账支票的异同点

现金支票和转账支票的异同点,如表1-8-1所示。

表 1-8-1　现金支票和转账支票的异同点

共同点	样式	票据的样式都是一样的,有正面和反面,正面的左部分为存根联,右部分为正联(支票联)
	付款期限	付款期限都是自出票日起 10 天内
	填写	票据的填写要素基本一致
不同点	收款人	现金支票收款人可写本单位名称,也可写收款人个人姓名——不可背书转让 转账支票收款人应填写对方单位名称——可以背书转让
	盖章	现金支票若为企业取现的,应在背面盖上银行预留印鉴 开具出去的转账支票的背面不需要再加盖银行预留印鉴
	进账单	开具转账支票去银行办理转账需要填写进账单,而现金支票不需要

(四)注意事项

(1)别用错。将需要使用的与开户银行对应的空白转账支票或者现金支票准备好。同时管理多家单位的开户银行的,要注意分辨需要使用的银行和账户,防止用错。

(2)别过期。支票的有效期是自开票之日起连续 10 天内(包括中间遇到的法定节假日)。一定要在有效期内尽快去银行办理,以免造成不必要的麻烦。

(3)不能折叠。使用和携带支票时,不能折叠和污损。建议用较硬的、规格大于支票的本册夹带,以免银行拒收。

(4)更改无效。按照《票据法》规定,支票的金额、日期、收款人名称若有更改,即成为无效票据。如果错填了怎么办呢？在填错的支票存根联和支票联分别加盖"作废"印章,并附在重新开具的存根联后,不得销毁。

(5)禁止签发空头支票。若银行退票,按票面金额处以 5%但不低于 1 000 元的罚款,持票人有权要求出票人按票面金额的 2%赔偿。

二、商业汇票

商业汇票按承兑人的不同,可以分为银行承兑汇票和商业承兑汇票。

由银行承诺到期付款的汇票称为银行承兑汇票;由实力雄厚,信誉卓著的企业承诺到期付款的汇票称为商业承兑汇票。在实务操作中,商业承兑汇票的使用范围并不广泛,我们经济生活中大量使用的是银行承兑汇票,如图 1-8-3 所示。银行承兑汇票可分为纸质银行承兑汇票和电子银行承兑汇票。

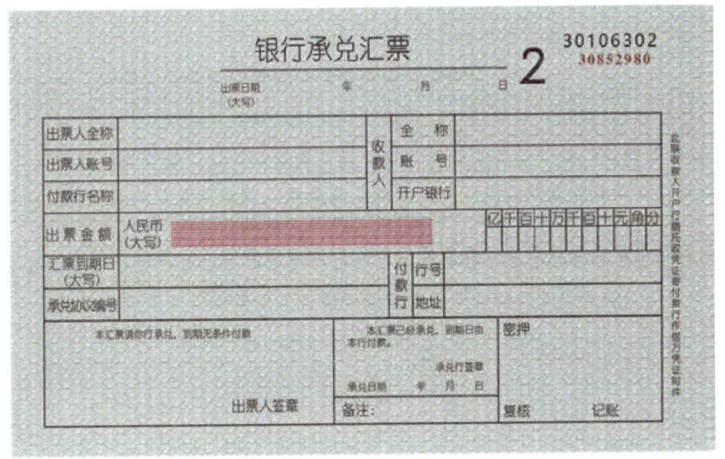

图 1-8-3　银行承兑汇票

(一)纸质银行承兑汇票

1.定义

银行承兑汇票是由出票人签发的,由银行承兑的,委托付款人在指定日期无条件支付确定的金额给收款人或者持票人的票据。票据期限内可以进行背书转让。

纸质银行承兑汇票提示付款期限:最长不得超过 6 个月。

2.银行承兑汇票适用范围

在银行开立存款账户的法人及其他组织之间,具有真实交易关系或债权债务关系;同城异地均可使用。

3.注意事项

(1)收到银行承兑汇票后,出纳要及时检验票面内容。发现问题,及时与交来票据的人员或者出票单位联系换票。

(2)出纳要登记好银行承兑汇票到期日期,应在银行承兑汇票到期日起 10 日内,向承兑银行提示付款。

(3)不能折叠。使用和携带汇票时,不能折叠和污损。建议用较硬的、规格大于汇票的本册夹带,以免银行拒收。

(二)电子银行承兑汇票

1.定义

电子银行承兑汇票是在出票人(即承兑申请人)以数据电文形式向开户银行提出申请,经承兑银行审批并同意承兑后,保证承兑申请人在指定日期无条件支付确定金额给收款人或持票人的票据。电子银行承兑汇票是纸质银行承兑汇票的继承和发展。电子银行承兑汇票所体现的票据权利义务关系与纸质银行承兑汇票没有区别,不同之处是电子银行承兑汇票以数据电文形式替代原有的纸质实物票据,以电子签名取代实体签章,以网络传输取代人工传递,以计算机录入代替手工书写,实现了出票、流转、兑付等票据业务过程的完全电子化。

电子银行承兑汇票提示付款期限:最长不得超过一年。

2.开办条件

客户申请通过企业网上银行办理电子银行承兑汇票业务的,应先向其开户行申请注册成为

第八节

网上银行证书客户。

（1）已注册企业网上银行证书的客户需开通电子银行承兑汇票业务的，请提供以下资料：企业组织机构代码证及复印件、法人及代理人身份证及复印件、授权书、公章、预留印鉴及法人章、开户网点需要的其他资料。

（2）尚未注册企业网上银行证书的客户需开通电子银行承兑汇票业务的，请提供以下资料：企业营业执照正、副本及复印件、组织机构代码证及复印件、法人及代理人身份证及复印件、授权书、公章、预留印鉴及法人章、开户网点需要的其他资料。

（三）收到银行承兑汇票的处理方法

当企业收到银行承兑汇票，可以有以下三种处理方法：

（1）到期托收。待汇票到期后办理托收票款。

（2）背书转让。在汇票未到期之前办理背书转让给他人。

（3）办理贴现。在汇票未到期之前，为了取得资金，向银行支付一定的利息或费用，提前取出银行承兑票款。

第八节

第九节 支付宝和微信支付

随着科技的不断进步,支付方式的选择也越来越多。企业在收支款项时,除了常规的现金、银行存款、票据等方式外,也可根据业务特点,选择支付宝、微信等支付方式。

一、支付宝

实务中,企业对于支付宝,主要关注两个方面:支付宝账户注册、支付宝的使用。

(一)支付宝账户注册

支付宝账户分为个人和公司两种类型,企业需要选择公司类型。公司类型的支付宝账户一定要有公司银行账户与之匹配。

企业注册支付宝账户的步骤如下:

(1)打开网址:www.alipay.com,点击"快速登录"(图1-9-1)。

图1-9-1 网址界面

(2)点击"快速登录"后,点击"免费注册"(图1-9-2)。

图1-9-2 注册

（3）点击"企业账户"（图1-9-3）。

图 1-9-3　企业账户

（4）选择合理的方式注册支付宝账户（这里我们选择邮箱注册,企业可以根据自己的实际情况选择合理方式）（图1-9-4）。

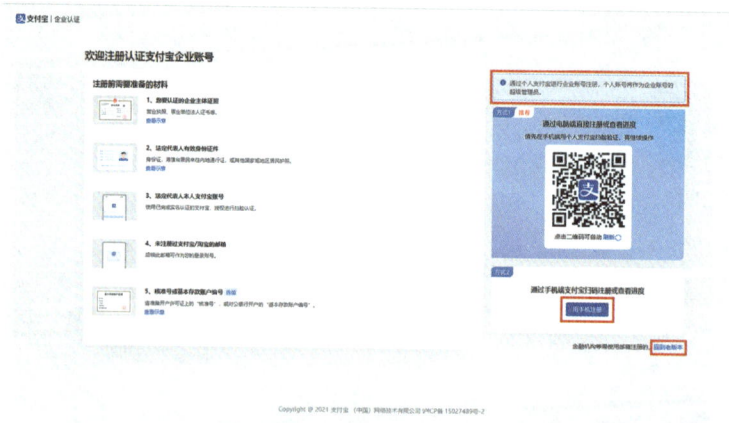

图 1-9-4　注册方式

（5）点击"企业账户",填入电子邮箱和验证码,点击"下一步"（图1-9-5）。

图 1-9-5　验证

（6）点击"立即查收"，进入邮箱（图1-9-6）。

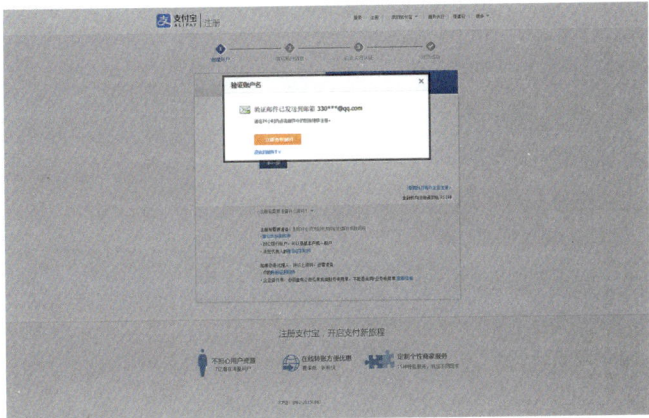

图1-9-6 查收邮件

（7）邮箱中会收到一封激活支付宝账户的邮件，点击"请激活您的支付宝账户"（图1-9-7）。

图1-9-7 激活

（8）点击"继续注册"（图1-9-8）。

图1-9-8 继续注册

（9）填写相关信息，点击"下一步"（图1-9-9）。

图1-9-9 填写信息

（10）进行支付宝实名认证,填写企业相关信息(图1-9-10)。

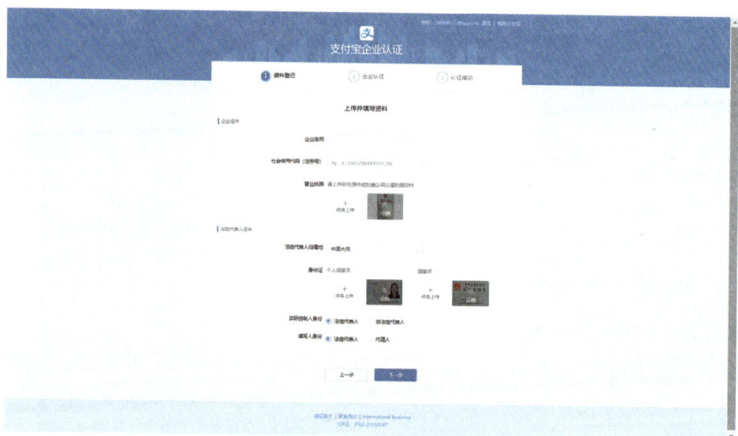

图 1-9-10　实名认证及填写信息

（11）核对并完善信息(图1-9-11)。

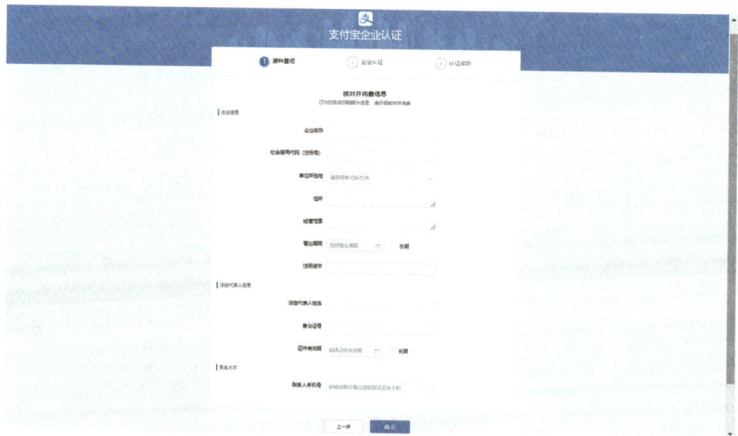

图 1-9-11　完善信息

（12）等待资料审核成功（图1-9-12）。

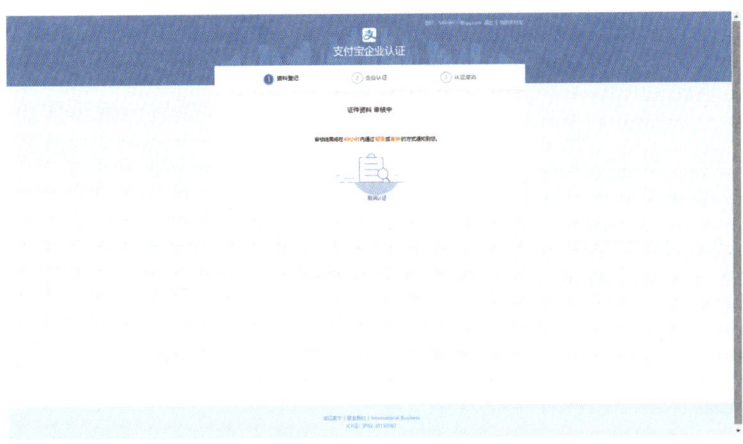

图1-9-12 等待审核

企业实名认证通过后,则企业申请的公司类型在支付宝账户注册成功,企业在支付宝登录账户,进行网上购物的操作。

温馨提示:支付宝的账户类型一经选定,不能修改。

(二)支付宝的使用

企业在使用支付宝时,需要在"我是商家用户"入口登录,进入首页,并进行相关操作（图1-9-13）。

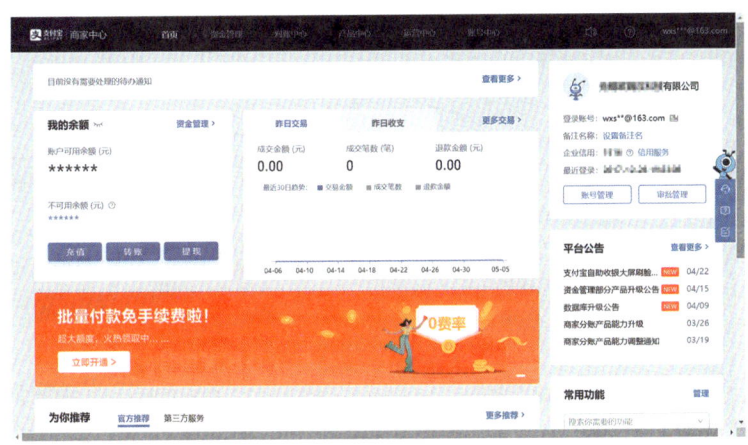

图1-9-13 进入首页

企业在使用支付宝时,要注意以下几个方面。

1.支付宝交易类型

支付宝交易分为担保交易和即时到账交易两种类型。

第一种,担保交易类型。在支付宝网站上,看到"担保交易"的图标时,表示您正在进行的是担保交易。企业使用担保交易时,担保交易流程是:选择商品→付款到支付宝→买家收货确认→支付宝付款给卖家→交易完成。

第二种,即时到账交易类型。在支付宝官网上,看到"即时到账"图标时,表示正在进行的是即时到账交易。在即时到账交易时,选定商品后单击"我要付款",填写对方账户信息,填写好账户信息后,就可以确认信息并选择付款方式。

温馨提示:即时到账交易不受支付宝交易保障规则的保护,钱直接到达交易对方的支付宝账户,无法退款,请谨慎使用。发生资金损失的交易中,绝大多数都是因为使用即时到账交易付款给陌生卖家。

2. 卖出交易

企业在支付宝上卖出商品后,需重点关注以下两点:

第一,卖出交易查询。卖出交易查询页面用于查询所有在支付宝上进行的卖出交易的当前状态,并根据其状态进行相应的操作,例如查看详情、退款等。

企业通过卖出交易查询页面,可查询最近 18 个月内的卖出交易信息,并提供下载(csv、xls两种格式可供下载)、打印操作。

如果企业需要知道单个订单的交易详情,则选择操作中的详情,可查看该笔交易的详情信息,含订单信息、支付宝收费信息、退款信息等。

第二,单笔退款。选择操作中的退款,可对一笔交易发起退款,填写退款金额、备注,并执行。

3. 买入交易

对于买入交易,企业可通过买入交易查询页面,查询所有在支付宝上进行的买入交易(包括采购等)的最新状态。企业通过买入交易查询页面,可查询最近 18 个月内的买入交易信息,并提供下载(csv、xls 两种格式可供下载)、打印操作。

二、微信

实务中,企业销售商品使用微信支付方式时,需要注意两个事项:接入微信支付;使用微信支付。

(一)接入微信支付

企业销售货物使用微信支付时,需要先接入微信支付,主要有公众号支付接入、APP 支付接入、扫码支付接入、刷卡支付接入四种方式。

1. 公众号支付接入

公众平台微信支付商户申请步骤如下(图 1-9-14):

第一步:注册账号。注册公众平台(mp. weixin. qq. com),选择账号类型为服务号,填写相关资料并通过微信支付认证。

第二步:填写资料。商户需提供以下 3 项资料:

(1)经营类目以及对应经营资质。

(2)企业联系信息。

(3)企业银行账户等信息。

其他信息诸如企业法人信息、营业执照等将直接从微信公众号认证资料中获取,无须重新填写。

第三步:商户验证。在资料提交后,微信支付会向您的结算账户中打一笔数额随机的验证款。待资料审核通过后,查收款项,登录商户平台(pay. weixin. qq. com)填写款项金额。金额正确即可通过验证。

第四步:签署协议。验证通过后,在线签署线上协议。

第五步:售卖商品。开发完成之后,即可上线产品进行售卖。

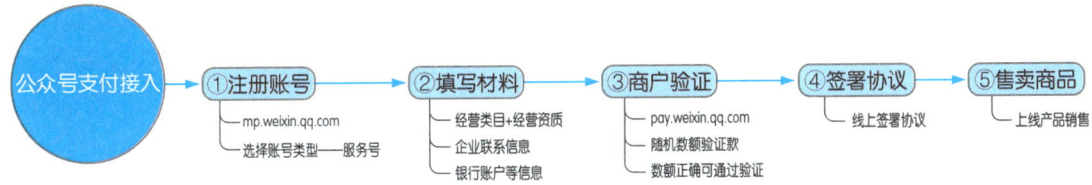

图 1-9-14　公众号支付接入流程

2. APP 支付接入

APP 微信商户申请步骤如下(图 1-9-15):

第一步:注册并认证。通过开放平台(open. weixin. qq. com)应用账号;通过开发者资质认证;提交 APP 基本信息,通过开放平台应用审核。

第二步:填写资料。商户需提供以下 4 项资料:

(1) 经营类目以及对应经营资质。

(2) 企业联系信息。

(3) 企业银行账户等信息。

(4) APP 下载地址或页面截图。

其他信息诸如企业法人信息、营业执照等将直接从微信开发者认证资料中获取,无须重新填写。

第三步:商户验证。在资料提交后,微信支付会向企业的结算账户中打一笔数额随机的验证款。待资料审核通过后,查收款项,登录商户平台(pay. weixin. qq. com),填写款项金额,金额正确即可通过验证。

第四步:签署协议。验证通过后,在线签署线上协议。

第五步:功能发布。开发完成之后,APP 内即可调用微信支付模块,发起支付。

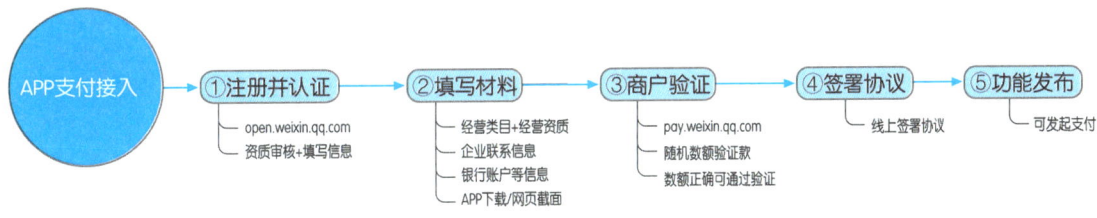

图 1-9-15　APP 支付接入

3. 扫码支付接入

扫码支付(含 PC 网站支付)接入微信支付的申请步骤与公众号支付一样,在此不再详述。

4. 刷卡支付接入

刷卡支付接入微信支付的申请步骤与公众号支付一样,在此不再详述。

（二）使用微信支付

企业使用微信支付时,需了解各平台的支付流程。

1. 公众号支付

商户已有 H5 商城网站的,用户通过消息或扫描二维码在微信内打开网页后,可以调用微信支付完成下单购买,具体流程如图 1-9-16 所示。

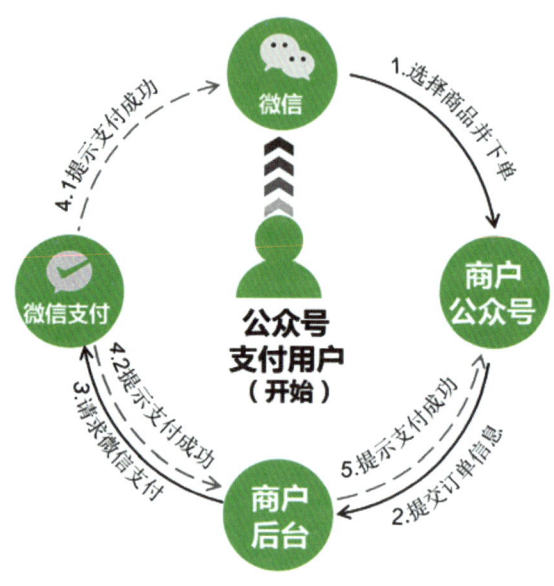

图 1-9-16　公众号支付流程

2. APP 支付

商户 APP 调用微信的 SDK 唤起微信支付,跳转完成微信支付,再调回 APP 内,呈现支付结果,具体流程如图 1-9-17 所示。

图 1-9-17　APP 支付流程

3. 扫码支付

扫码支付有两个模式,分别为"二维码永久有效"模式和"二维码两小时有效"模式。

（1）"二维码永久有效"模式。二维码链接由商户生成,然后商户将二维码链接转成二维码图片,用户通过扫码支付,此方式下生成的二维码永久有效,具体流程如图1-9-18所示。

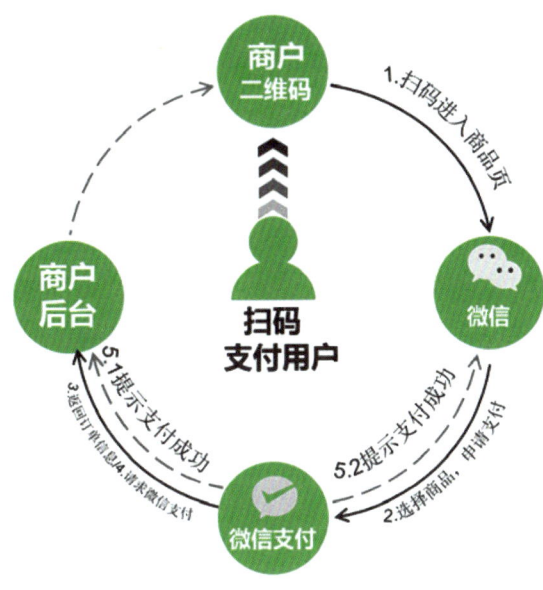

图 1-9-18 "二维码永久有效"模式

（2）"二维码2小时有效"模式。二维码链接由微信支付返回给商户,商户将得到的二维码链接转成二维码图片,用户通过扫码支付,此方式下生成的二维码2小时内有效,具体流程如图1-9-19所示。

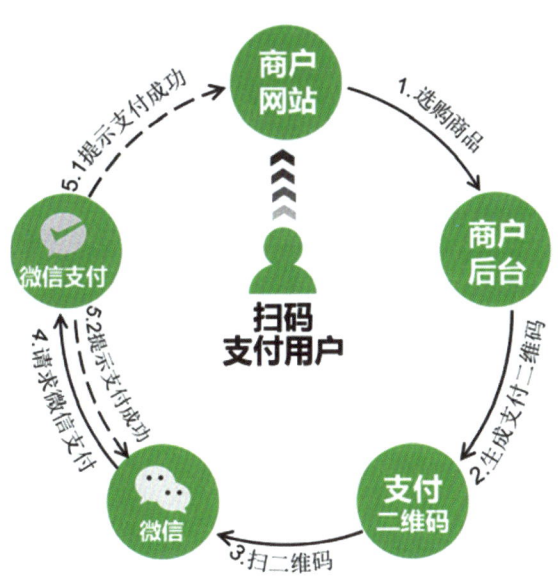

图 1-9-19 "二维码2小时有效"模式

4. 刷卡支付

刷卡支付有两个模式,分别为"后台接入"模式和"门店接入"模式。

（1）"后台接入"模式适合具备统一后台系统的商户。门店收银台与商户后台通信,商户后台系统负责与微信支付系统发送交易请求和接收返回结果,具体流程如图1-9-20所示。

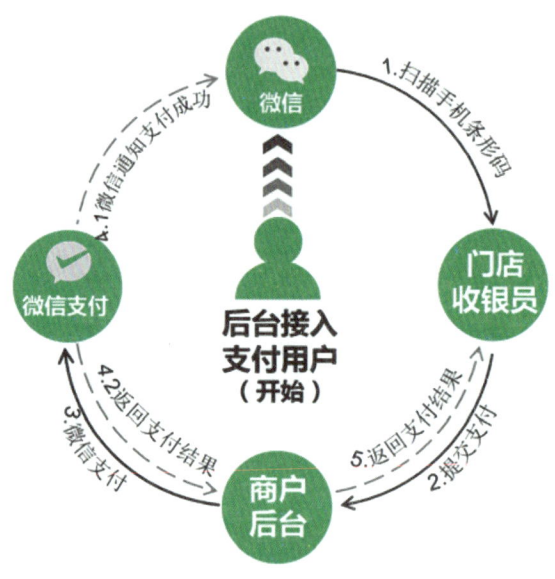

图 1-9-20 "后台接入"模式

（2）"门店接入"模式适合门店收银台通过公网直接与微信后台通信的商户。门店收银台直接发起交易请求和处理返回结果。商户可以根据实际需要，处理门店和商户后台系统之间的其他业务流程，具体流程如图 1-9-21 所示。

图 1-9-21 "门店接入"模式

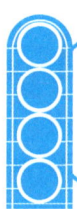

第二部分　出纳业务综合实训

第一节　企业相关信息

一、模拟企业基础信息

公司名称：江东东方科技有限公司
纳税识别号：91320214373MA0958L
注册地址：江州市人民东路 888 号
联系电话：086-835962135
开户银行：中国建设银行江州梁溪支行
开户账号：32050161635700000659
法定代表人：林海涛
财务负责人：张咏梅
出纳：方芳（37020119920218162X）

二、企业营业执照及相关证件

图 2-1-1　企业营业执照（正本）

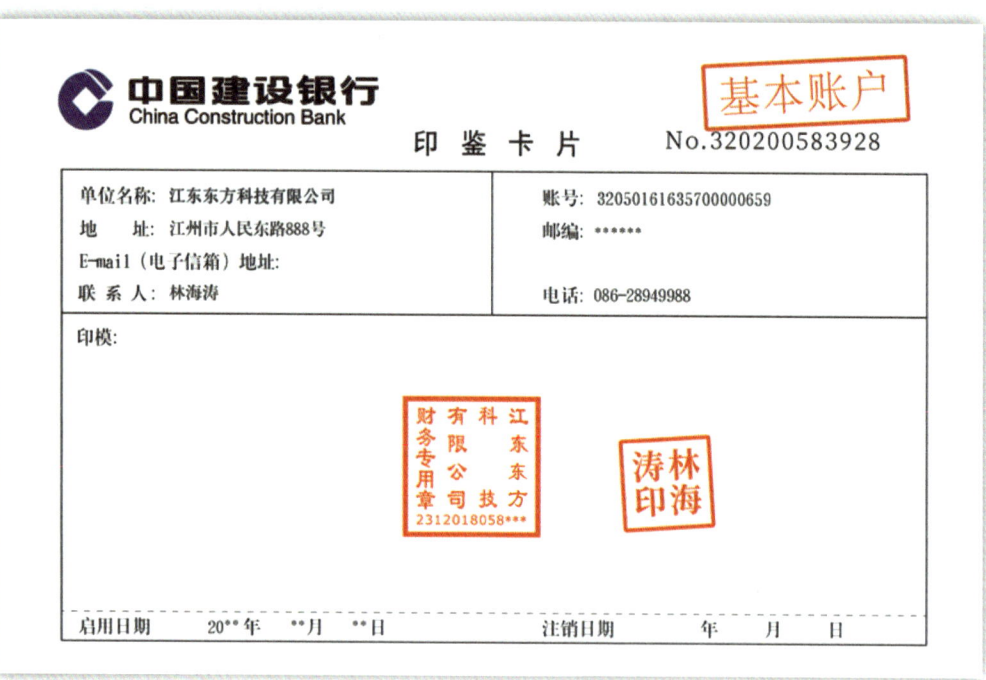

图 2-1-2　银行预留签章卡(正面)

图 2-1-3　银行预留签章卡(反面)

三、组织架构及人员分布

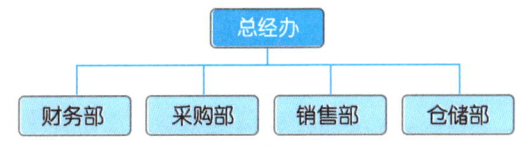

图 2-1-4　公司组织架构

表 2-1-1　人员分布

部门	岗位	姓名
总经办	总经理	林海涛
	副经理	陈　果
财务部	财务主管	张咏梅
	出纳	方　芳
采购部	采购主管	刘　伟
	采购员	张　磊
销售部	销售主管	李大强
	销售员	高　建
仓储部	仓管员	王　倩

四、企业财务制度

(一) 库存现金管理

库存现金管理制度

(1) 公司财务部库存现金控制在规定限额 1 万元以内, 不得超限额存放现金。

(2) 严格执行现金盘点制度, 做到日清月结, 保证现金的安全。现金若有长短款, 应及时查明原因, 报告单位领导, 并追究相关人员的责任。

(3) 不准白条抵库。

(4) 不准私自挪用、占用和借用公司现金。

(5) 到银行提取或送存现金(金额达 3 万元以上)的时候, 需要由两名人员同时前往。

(6) 出纳要妥善保管保险箱内存放的现金和有价证券, 私人财务不得存放于保险箱。

(7) 出纳必须随时接受单位领导的检查、监督。

(8) 出纳必须严格遵守、执行上述各条规定。

(9) 严格现金收支管理, 除一般零星日常支出外, 其余投资或其他支出都必须通过银行办理转账结算, 不得直接兑付现金。

(10) 库存现金每月抽盘一次。

（二）银行存款管理

银行存款管理制度

（1）必须遵守中国人民银行的规定,办理银行基本账户和一般账户的开户和公司各种银行结算业务。

（2）必须认真贯彻执行《中华人民共和国票据法》等相关的结算管理制度。

（3）公司应按每个银行开户账号建立一本银行存款日记账,出纳应及时将公司银行存款日记账与银行对账单逐笔进行核对,会计于次月初编制《银行存款余额调节表》。

（4）空白银行支票与预留印鉴必须实行分营,由出纳登记支票使用情况,逐笔记录签发支票的用途、使用单位、金额、支票号码等。

出纳每日要把当天发生的单据及时交给会计人员,并做好交接登记。

（三）费用核算管理

费用核算制度

（1）公司费用报销包括交通费、通信费、差旅费、招待费、报刊费、车辆使用费、低值易耗品购置费、工会经费、福利费及生产经营过程中的费用等支出。

（2）报销流程:经办人申请→本部门主管审核→财务负责人审核→总经理审批→出纳支付。

（3）审核内容包括:费用报销是否经费用发生部门经理或分管领导审批;报销内容是否符合公司规定;报销凭证是否真实、合法、齐全;审批权限是否在合法授权范围及额度内。

（4）报销单上所有内容均需完整填写,严禁用圆珠笔填写报销单、严禁涂改,报销单的"经办人"务必由本人亲笔签名,单据填写不齐全或涂改的,一律不予受理。

（5）因公出差的借款,在回到单位5个工作日内需结清,不得拖欠。

（6）差旅费报销必须严格按照标准执行,超出部分由员工个人承担,差旅费标准明细如表2-1-2所示。

表2-1-2　差旅费标准明细表　　　　　　单位:元

岗位级别	住宿标准（每房计）			交通工具	餐饮费
	一级城市	省会城市	地级县		
一般员工	400	350	300	火车（硬卧）、高铁（二等座）、汽车(含卧铺)	实报实销
部门负责人	450	400	350	飞机（经济舱）、火车（硬卧）、高铁(二等座)、汽车(含卧铺)	实报实销
总经理助理	500	450	400	飞机（经济舱）、高铁（二等座）、火车（软卧）	实报实销
总经理以上	550	500	450	飞机（经济舱）、高铁（二等座）、火车（软卧）	实报实销

(四) 印章管理

印章管理制度

(1) 印章保管人员必须切实负责,不得随意放置或转交他人。如因事离开岗位需移交他人的,可由部门负责人指定专人代替,但必须办理移交手续,并填写移交登记表。为保证资金的绝对安全,财务专用章、公章、法定代表人私章等银行预留印鉴由两人以上分开保管、监督使用。

(2) 银行预留印鉴为财务专用章和法人章。财务专用章由财务主管保管,公章和法人章由总经理保管。

(3) 未经批准不得在空白文件上加盖公司印章。

(4) 除特殊情况不准携带印章外出或外借印章。

(5) 印章的使用必须严格遵循印章使用审批程序,按照印章使用范围,经审批后方可用章。使用公司法人章或公章必须经公司总经理审批后,由总经理盖章;使用财务专用章必须由财务主管审批后,由财务主管盖章。

第二节　经济业务内容

方芳于2022年6月1日正式入职,任职出纳岗位。本实训以该模拟企业2022年6月与出纳岗位相关的业务,结合本书配套的实训资料进行实训(后续业务涉及的原始凭证统一放在本书票据簿中)。6月的经济业务列表如表2-2-1所示。

表 2-2-1

序号	日期	业务情景	出纳需填写或盖章的单据
业务1	1日	出纳工作交接	出纳工作交接表
业务2	2日	提取备用金	现金支票使用登记簿、现金支票
业务3		现金收取销售款	收据
业务4		现金存入银行	现金缴款单
业务5		现金支付员工暂支款	借款单、借款台账
业务6		现金报销物流费	费用报销单
业务7		报销差旅费(退回)	差旅费报销单、粘单、借款台账、收据
业务8		登记日记账	现金日记账、银行存款日记账
业务9		出纳单据交接	出纳单据交接表
业务10	15日	开出转账支票支付款项	付款申请单、转账支票使用登记簿、转账支票
业务11		收到转账支票进账	转账支票、进账单
业务12		开具银行承兑汇票	转账支票使用登记簿、转账支票、银行承兑汇票
业务13		银行承兑汇票到期托收	银行承兑汇票、托收凭证
业务14		背书转让银行承兑汇票	银行承兑汇票、粘单
业务15		登记日记账	现金日记账、银行存款日记账
业务16		出纳单据交接	出纳单据交接表
业务17	25日	收到一笔货款	网银系统
业务18		支付一笔报销款	网银系统,借款台账
业务19		支付一笔货款	网银系统
业务20		发放工资	网银系统
业务21		登记日记账	银行存款日记账
业务22		出纳单据交接	出纳单据交接表
业务23	30日	库存现金盘点	库存现金盘点表
业务24	次月1日	打印银行回单和银行对账单	银行回单、银行对账单
业务25		银行存款核对	银行存款余额调节表
业务26		月末结账	现金日记账、银行存款日记账
业务27	拓展	登记现金日记账专项实训	现金日记账 Excel 表格
业务28	拓展	登记银行存款日记账专项实训	银行存款日记账 Excel 表格
业务29	拓展	银行对账单实训	银行对账单 Excel 表格

业务 1　出纳工作交接

2022 年 06 月 01 日,方芳正式接手出纳工作,她和王君交接出纳工作,移交会计账簿 2 本、现金 1 218.10 元、支票收据等,张咏梅监交。王君已制作好出纳工作交接表单。

实训任务
交接内容已提供,根据出纳工作交接表进行工作交接。

实训指导
出纳交接是指在岗出纳发生岗位变动时,由离任人将有关内容移交给接任人,同时由监交人始终在场核验、监督的交接过程。这个交接,不是可有可无的,而是出纳的交接、接交和监交三方必须履行的法定程序,并将承担相应的法律责任。《中华人民共和国会计法》第四十一条规定:会计人员调动工作或者离职,必须与接管人员办清交接手续。所以,交接和接交的出纳都必须依法办理交接手续。

出纳交接工作时,需要 3 人在场。

交接人:交出工作及资料的人。

接交人:接到工作及资料的人。

监交人:监督人、见证人(一般是所在部门负责人)。

1. 交接准备
由交接人将出纳岗位所有相关工作物品及工作内容进行整理,形成书面的交接文件。实际工作中,如果出纳要离职了,公司还没招聘到合适的人员,那么一般离职的出纳可以跟领导或者公司安排的其他人按照步骤交接,把资料移交给公司内对应的人。

2. 实施交接
涉及交接的 3 人必须都在现场,根据工作交接书的内容,逐一核对、清点、移交。交接的原则是账账相符、账实相符、账表相符、账票相符。全部交接完成无误后,三人分别在出纳工作交接书上签署姓名和日期;出纳工作交接书转档案管理部门归档,没有的,一般由部门负责人保管。

3. 工作交接表
工作交接表没有固定的格式,企业可以根据实际情况,自行编制,一般包括以下内容:

(1) 交接日期:实际交接日期。

(2) 交接内容:所有进行交接的内容。

(3) 交接数量与单位:每项交接物品的数量和计量单位。

(4) 说明:交接事项的具体说明。

(5) 交接人、接交人、监交人的签名:确认交接无误后,必须亲笔签名。

4. 具体交接内容

表 2-2-2　具体交接内容

序列	交接项目	具体内容
1	凭证、账本、票据	会计凭证、会计账本 现金支票、转账支票、支票领用登记簿 发票、发票领用簿、发票登记簿 【注意】票据包括空白、已用、作废的票据
2	现金和有价证券	现金、借据、押金凭证、有价证券
3	银行物件	银行开户许可证,银行预留印鉴卡,银行支付密码器,支票购买证,网上银行密码,U 盾等
4	资料和报表	对内对外的各类报表(纸质的,电子版的)
5	存档物件	管理的文件、规定、合同、协议等 管理的银行、工商、税务、劳动等证卡
6	印章	出纳负责保管的印章,财务章、发票章、现金收付讫章、银行收付讫章等,印台、印油、印垫等盖章物品
7	设备和用具	电脑、保险柜钥匙、票据打印机、凭证装订机、点钞机、计算器等
8	工作事项	(1)所管理的各类对外事项的办理程序资料; (2)所经办的对外业务到期续办规定的内容; (3)其他所经办工作相关的联系电话、联系人、地址等信息资料; (4)尚未办结事项; (5)参加培训和接收的专业工作资料、书刊等; (6)交接人的联系信息,离岗后有协助的义务

📄 业务流程

交接人准备交接资料 → 接交人逐项点收 → 监督人监督交接过程 → 确认无误后签字

图 2-2-1　业务流程

业务 2　提取备用金

2022 年 06 月 02 日,出纳方芳发现保险柜中的现金余额不足,确定账上资金充足后,申请提取备用金 10 000 元,得到批准后开出现金支票完成提取。

实训任务

(1) 取出现金支票一张,票据编号为:00825692,进行填写并盖章。(支付密码器生成的密码为 1356-7002-9832-0064)

(2) 登记现金支票使用登记簿。

实训指导

现金支票是专门制作的用于支取现金的一种票据。现金支票有正反两面,正面又分为左右两部分,左部分是存根联,右部分是支付联(也称正联)。

现金支票的填写要求如下:

1. 正面支付联

(1) 出票日期:数字必须大写,大写数字写法为零、壹、贰、叁、肆、伍、陆、柒、捌、玖、拾。例如,2022 年 12 月 5 日写为"贰零贰贰年壹拾贰月零伍日"。

(2) 收款人:现金支票收款人可写本单位名称,此时现金支票背面"收款人"栏内加盖本单位财务专用章和法人章,填写出纳的身份证号码和姓名,出纳可凭现金支票直接到开户银行提取现金。现金支票收款人也可写收款人个人姓名,此时现金支票背面不盖任何章,收款人在现金支票背面填上身份证号码和发证机关名称,凭身份证和现金支票签字领款。

(3) 付款行名称、出票人账号:付款行名称、出票人账号即本单位开户银行名称及银行账号,小写(账号)。企业向银行领购空白支票时,银行一般根据企业填写的信息,将企业的银行名称及银行账号盖印在空白支票上。

(4) 人民币(大写):例如 8 560.31,写为"捌仟伍佰陆拾元(零)叁角壹分";732.00,写为"柒佰叁拾贰元整","整"写为"正"字也可以。

(5) 人民币(小写):最高金额的前一位空白格填写符号"¥",数字填写要求完整清楚。

(6) 用途:现金支票用途栏一般填写"备用金""差旅费""工资""劳务费"等。填写与支付联内容一致的相关内容,数字小写即可。

2. 正面存根联

存根联作为内部做账依据,填写要求没有支付联那么严格,填写内容与支付联一致。如:

(1) 日期:小写日期即可。

(2) 收款人:收款人名称,可简称。

(3) 金额:小写金额,并在前面加"¥"。

(4) 用途:填写与支付联一致。

3. 支票背面

(1) 日期:取现当天的日期,小写日期。

（2）身份证件名称及号码；经办人姓名及身份证号码。

4.注意事项

支票支付联不能有涂改痕迹，否则本支票作废；收票人如果发现支票填写不全，可以补记，但不能涂改；支票的有效期为10天。

📖 **业务流程**

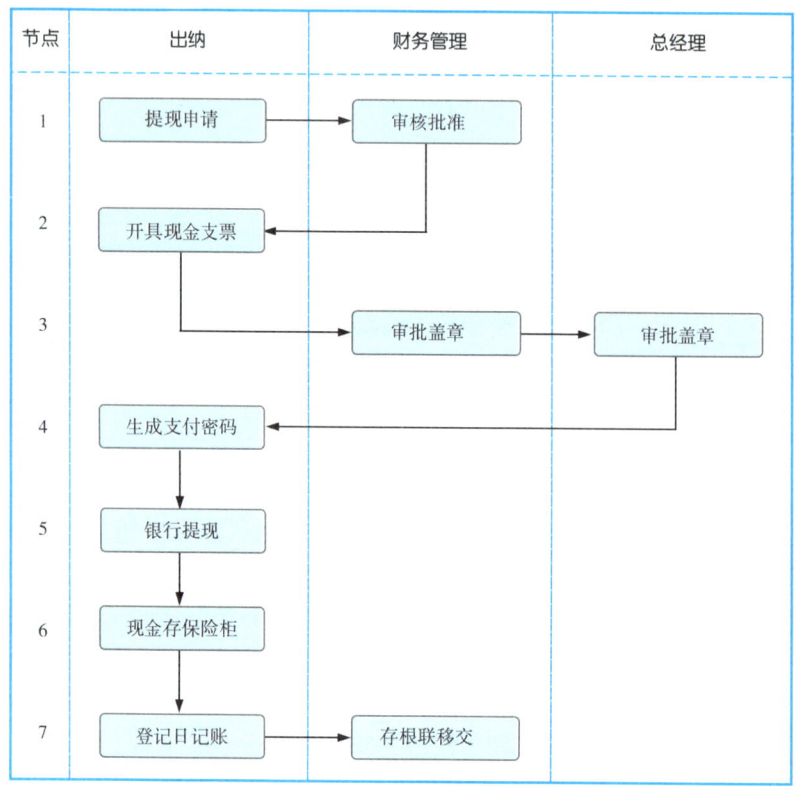

图 2-2-2　业务流程

（1）出纳发现现金余额不足，根据业务需要和账上资金情况向财务主管做提现申请。

（2）领导审核无误后，出纳填写现金支票，并登记"现金支票领用登记簿"。

（3）现金支票填好后，必须在支票的正反两面加盖企业在银行的预留印鉴，财务专用章和法人章，印章清晰，缺一不可。

（4）支付密码是银行为进一步加强票据风险控制而设置的最后一道防线，只有在支票上填写的密码和银行的数据一样，银行才会付款。获取支付密码需要用到支付密码器。

（5）出纳携现金支票的支付联去银行开户行柜台提现。出纳收到现金时，应当场核对金额，确认无误后妥善收存。

（6）取现返回公司过程中要小心谨慎，注意安全；若取现金额较大，可申请同事陪同。取回现金后，应及时将现金存入保险柜内。

（7）根据支票存根联登记日记账，然后将支票存根联作为记账依据移交会计进行账务处理。

业务3 现金收取销售款

2022年06月02日,销售电脑一台,客户将现金5 980元交至出纳。出纳方芳清点无误后,开具收据。(发票已开具)

实训任务
取出收据一份,票据编号为:3948561,进行填写并盖章。

实训指导
收据通常是单位与其他单位或者个人发生现金往来时使用的票据。

收据一般为一式三联:

第一联,存根联,留存在收据本上,留存备查。

第二联,收据联,撕下交付款人。

第三联,记账联,撕下作为收款人的临时记账凭证。

部分收据是一式两联,第一联是记账联,留存记账;第二联是客户联,交付款人。在实务中,一般单位大多数使用的收据是一式三联的。收据在会计用品商店、大型超市、网店上都可以购买到。两种收据格式上会有所不同,但是内容都是大同小异的。

1. 填写

(1) 日期:填写收取或付出款项当天的日期,小写(日期)。

(2) 今收到:填写交款方的姓名或单位名称。

(3) 交来:填写交来款项的原因。比如购买的物品名称、押金、预付款等。

(4) 人民币(大写):填写实际收到金额的大写(自最左侧不空格书写)。

(5) 人民币(小写):填写实际收到金额的小写。

(6) 收款人:由收款人签名。

(7) 交款人:由交款人签名。

2. 盖章

在收据的第二联,交给付款人的收据联,加盖财务专用章,没有办法取得财务专用章时也可以加盖公章;在第一联、第三联加盖"现金收讫"印章。

3. 管理

收据很容易买到,在实务中使用也较为普遍。但加盖了印章的收据是具有证据效力的,与发票具有部分类似功能。因此,千万不能小看收据,应当参照发票和现金的地位进行严格管理。

(1) 错填或作废怎么办? 票据尚未撕下的:可以在出现错误的收据各联次分别加盖"作废"印章,另行填写。

票据已经撕下的:不得销毁! 应当将已经撕下的相同内容的全部票据收回,粘贴在与收据本相同内容的存根联后面,分别加盖"作废"印章。

（2）能事先把印章都盖好吗？不能。我们常见到一些单位的业务人员拿着一本基本都盖好章的收据，这是存在非常严重的隐患的。

业务流程

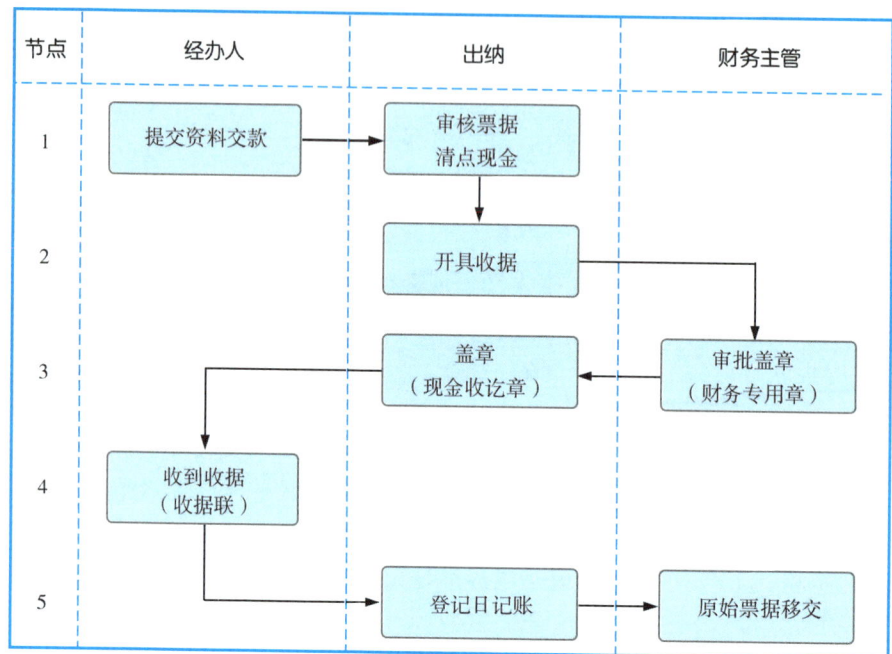

图 2-2-3　业务流程

（1）收到款项时，出纳首先应该根据相应的资料确定款项是否合理，比如销售单、合同、发票等。然后与付款人当面清点现金，确认无误。

（2）开具收据，规范填写。

（3）财务主管审批无误后，在收据联上加盖财务专用章；出纳在存根联和记账联上加盖现金收讫章。

（4）将加盖财务专用章的收据联交给付款人。

（5）根据收据登记现金日记账，然后将原始票据移交会计进行账务处理。

业务4　现金存入银行

2022 年 06 月 02 日,出纳方芳清点当天收到的现金:100 元 59 张,10 元 8 张;将现金收入 5 980 元存入银行。

实训任务
取现金缴款单一份,进行填写。

实训指导
现金缴款单是办理现金存入银行业务的银行单据,可以到开户银行放置对公票据的服务台免费领取。现金缴款单一般一式两联:一联由银行留存;一联由交款方留存记账。各银行的现金交款单内容、名称大同小异,主要内容都是一样的,格式上存在一些差异。

1.现金缴款单的填写
(1)日期:填写办理当天的日期。
(2)收款单位:要与营业执照的名称一致。
(3)账(卡)号:单位在银行开立的账号。
(4)交款人:交款的部门或者是公司名称,也可不写。
(5)款项来源:写明款项的实际来源,如零售款就写零售款,员工还款就写个人还款。
(6)金额:大小写填入,大小写必须一致,符合书写规范。
2.常见问题
(1)要盖章吗? 不需要公司盖章。
(2)填错怎么办? 直接销毁,重新填写。现金缴款单不同于支票,只是交存银行的业务单据,管理相对较为宽松。如果本单位经常收到现金,需要经常办理交存现金业务的,出纳就可以从银行多领取一些空白单据。例如:餐饮行业,每天都会收到现金。

业务流程

图 2-2-4　业务流程

(1)将需要缴存的现金清点整理,合计出需要缴存的现金金额。
(2)填写现金缴款单。
(3)带好现金缴款单和需要缴存的现金到银行进行业务办理。
(4)开户银行受理,复核无误后,在现金缴款单(第二联)上加盖银行印鉴,返回第二联缴款单(客户回单),表示款项收妥。
(5)根据现金缴款单登记日记账,然后将原始票据移交会计进行账务处理。

业务5 现金支付员工暂支款

2022年06月02日,采购部张磊因采购需要,借支3 000元,张磊按照公司制度填写借款单,并完成审批签字。出纳方芳审核无误后,以现金支付款项,并办理相关手续。

实训任务

(1) 取出借款单一张,协助张磊进行填写并完成审批。

(2) 办理支付暂支款手续。

(3) 登记借款台账。(根据工作交接表提示,在借款台账上登记一笔借款记录:5月25日销售部李大强因出差需要借款5 000元。)

实训指导

借款单属于单位内部的财务票据。单位人员为执行工作任务而提前预支款项时,会使用借款单。借款单是各单位根据各自的业务特点,自行设计的格式化的内部管理票据。借款单一般为一联,不对外使用。

1. 申请人填写借款单

(1) 日期:申请借款的日期。

(2) 借款部门:借款人所在的部门名称。

(3) 借款人:借款人姓名。

(4) 借款事由:实际用途。

(5) 借款金额:实际借款的金额。

2. 领导审批签字

根据单位制定的审批制度,相关领导接到借款申请后进行审批,予以批准的在借款单上确认签字。

3. 办理签字手续

出纳收到借款单,需审核申请人的借款单是否完成上述步骤后,予以支付款项,出纳和借款人都必须在借款单上确认签字。

借款台账用于记录单位内部员工借款与归还情况,以保证员工借款的主要信息及时被记录和跟踪。借款台账可以用Excel自制表格,并且A4纸打印。借款台账一般内容包括姓名、所属部门、摘要、借款金额、借款日期、还款金额、归还日期、余额等。

📋 **业务流程**

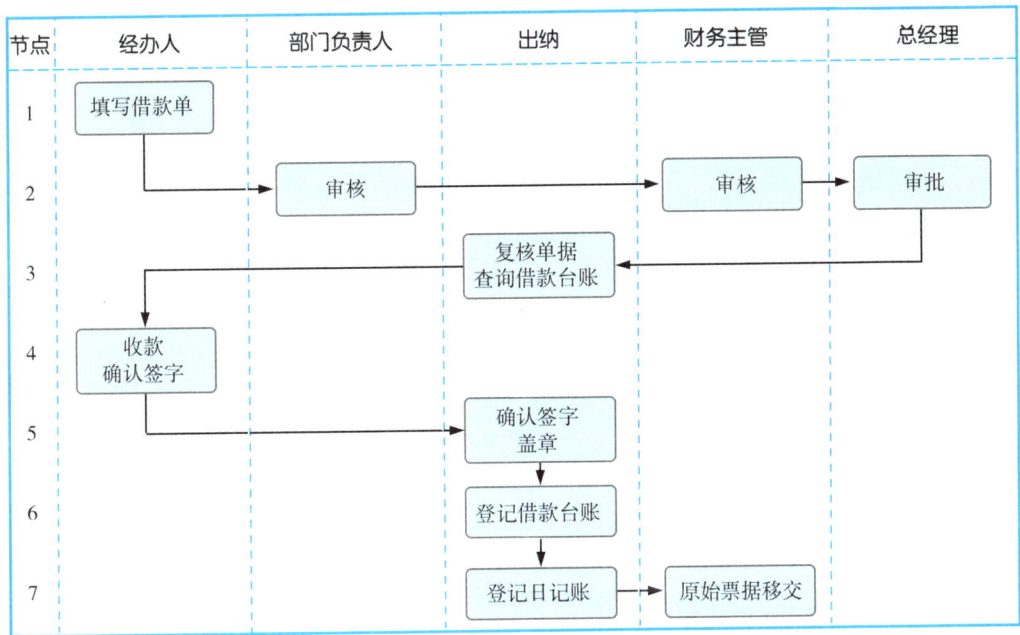

图 2-2-5　业务流程

（1）借款人填写借款单。

（2）根据企业制度,完成审批流程。

（3）出纳复核借款单,确认无误后,进行付款,与收款人当面点清。

（4）收款人收款,确认无误,在借款单上进行签字。

（5）出纳确认无误,也在借款单上进行签字,并加盖"现金付讫章"。

（6）根据借款单登记借款台账。

（7）根据借款单登记日记账,并将原始票据移交会计进行账务处理。

业务6　现金报销物流费

2022年06月02日,销售部高建报销一笔物流费用,持发票和费用报销单到出纳方芳处报销。出纳审核无误后,以现金支付款项,并办理相关手续。

实训任务

(1) 取出费用报销单一张,协助高建进行填写并完成审批。
(2) 办理报销手续。

实训指导

费用报销单是单位内部的财务票据。单位人员发生款项支出后进行报销时,会使用这种票据。比如采购货物、电话费、出差等。

费用报销单根据各单位的业务特点,可以自行设计,也可以购买常规格式单据,在会计用品店或者超市都能够买到。现在,很多的管理系统也支持报销单据的打印,审批完成的报销单可直接打印,不需要手工填写。

报销单一般为一联,不对外使用。

1. 申请人填写费用报销单
(1) 日期:报销单填制的日期,小写数字。
(2) 报销部门:申请报销人所在部门的名称。
(3) 附件张数:所附原始凭证的票据数量。
(4) 用途:按报销事项的用途填写。
(5) 金额:实际报销金额,大小写金额必须一致。
(6) 原借款:如事先办理过借款手续的,需填写借款金额(小写金额);若未办理过借款的,不填写。
(7) 退/补:实际报销金额与借款金额的差额;若未办理过借款的,不填写。

2. 领导审批签字
根据单位制定的审批制度,相关领导接到借款申请后进行审批,予以批准的在借款单上确认签字。

3. 办理签字手续
出纳收到费用报销单,需审核申请人的费用报销单是否完成上述步骤后,予以支付款项,出纳和报销人都必须在费用报销单上确认签字。

4. 注意事项
(1)去年6月份的发票,今年9月份才来报销,行吗?根据《民法通则》的规定,2年之内的发票是可以报销的。但是在实际工作中,一般公司都有报销时效的规定,一般在每年1月份内,可以接受上一个年度未报销的发票的。但跨年度时间较长的,通常就不会接受了。

业务流程

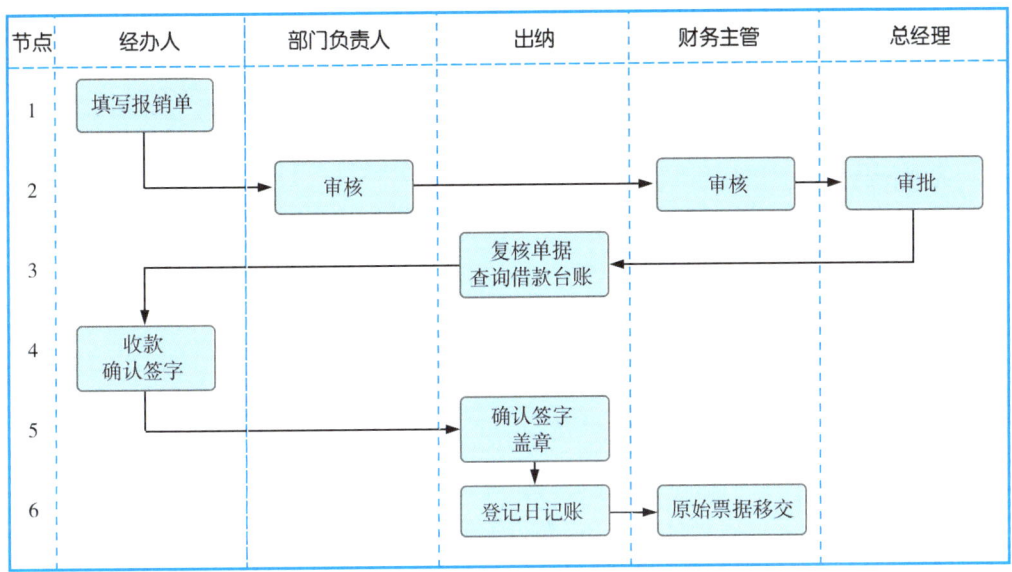

图 2-2-6 业务流程

(1)报销人按要求填写费用报销单,并将所有原始票据粘贴在报销单后面。

(2)根据企业制度,完成审批流程。

(3)出纳复核费用报销单及所附原始单据,确认无误后,予以报销。

(4)收款人收款,确认无误,在报销单上进行签字。

(5)出纳确认无误,也在报销单上进行签字,并加盖"现金付讫章"。

(6)根据报销单登记日记账,并将原始票据移交会计进行账务处理。

业务 7　现金报销差旅费

2022 年 06 月 02 日,销售部李大强出差回来,报销差旅费,按照公司制度填写差旅费报销单并完成审批签字。出纳方芳审核无误后,办理报销手续。(5 月 25 日销售部李大强因出差需要借款 5 000 元。)

实训任务

(1) 取出差旅费报销单一张,协助李大强进行填写并完成审批。
(2) 办理报销手续。
(3) 取出收据一份,票据编号为:3948562,进行填写并盖章。
(4) 登记借款台账。

实训指导

差旅费报销单是单位内部的财务票据,是专门针对单位人员发生差旅费支出后进行报销时,会使用的票据。如无差旅费报销单,也可使用普通的费用报销单。

差旅费报销单各单位根据各自的业务特点,可以自行设计,也可以购买常规格式单据,在会计用品店或者超市都能够买到。现在,很多的管理系统也支持报销单据的打印,审批完成的报销单可直接打印,不需要手工填写。

差旅费报销单一般为一联,不对外使用。

差旅费报销单的基本填写内容与费用报销单类似。不同的是需要填写外出出差的相关信息,如出差起止日期、天数、起止地点、各项费用明细(交通费、住宿费、餐费、出差补助等)。

业务流程

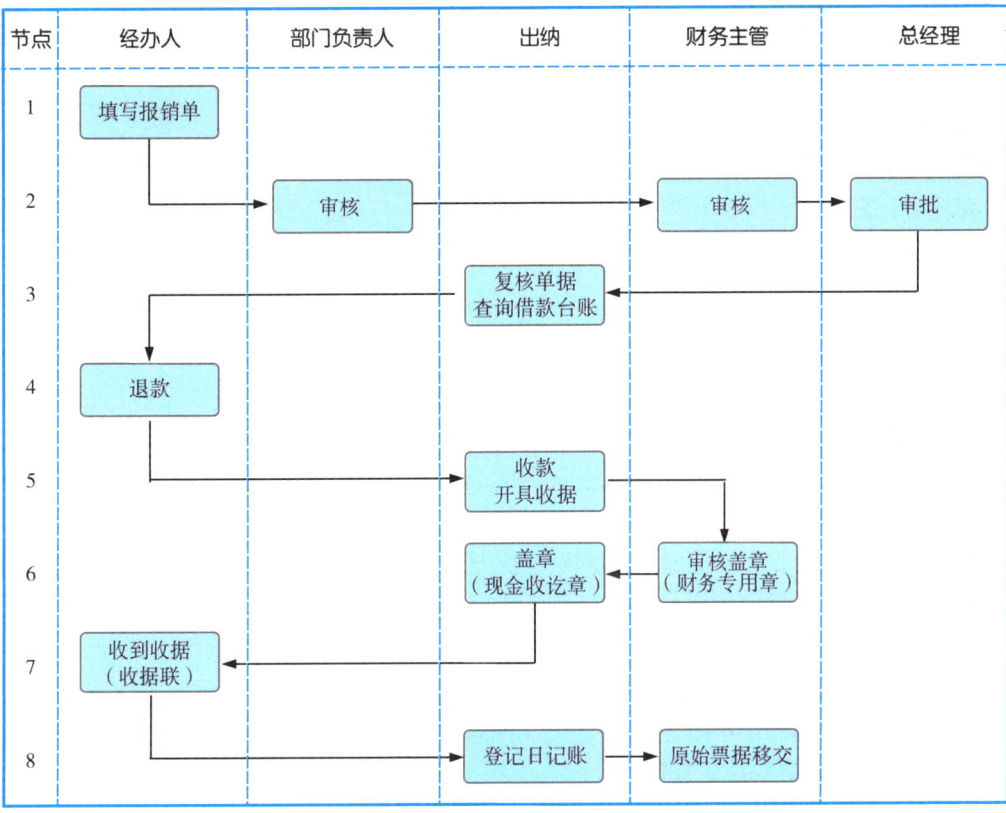

图 2-2-7 业务流程

（1）报销人按要求填写差旅费报销单,并将所有原始票据粘贴在报销单后面。

（2）根据企业制度,完成审批流程。

（3）出纳复核报销单及所附原始单据,确认无误后,予以报销。

（4）报销人退回多余现金。

（5）出纳收款,确认无误后,登记借款台账,并开具收据。

（6）财务主管审批无误后,在收据联上加盖财务专用章;出纳在存根联和记账联上加盖现金收讫章。

（7）将加盖财务专用章的收据联交给付款人。

（8）根据收据登记现金日记账,然后将原始票据移交会计进行账务处理。

业务 8　登记日记账

2022 年 06 月 02 日,出纳方芳根据当天发生的业务,登记现金日记账和银行存款日记账。

 **实训任务**

根据库存现金 5 月期末余额、银行存款 5 月期末余额以及本日发生的业务登记现金日记账和银行存款日记账。

实训指导

现金日记账,用来记录现金收支明细,计算当日及月底余额的日记账;便于进行核对、检查、监督和交接。

银行存款日记账,用来记录银行存款的收支明细,计算当日及月底余额的日记账,便于进行核对、检查、监督和交接。为了及时掌握银行存款的收支和结存的情况,便于与银行核对账目,出纳应按不同银行账号分别设置银行存款日记账。

出纳应将每笔现金收支业务及时登记到现金日记账中;根据银行收款凭证、付款凭证及所附的有关原始凭证及时登记到银行存款日记账中。

传统的日记账是纸质的订本式账簿。现在的实务操作中,我们通常会建立两张电子表格,一张现金日记账,一张银行存款日记账,用于记录每笔业务。

本题用传统日记账页来学习,有些项目可以不填写,以下为必填内容:

(1) 日期:收支事项的发生日期。

(2) 摘要:业务内容。

(3) 借方:填写收入金额。

(4) 贷方:填写支出金额。

(5) 余额:填写收支计算后的余额。本行余额＝上行余额+本行借方−本行贷方

为了及时掌握现金和银行存款的收支和结余情况,出纳工作必须遵循日清月结的原则,当天的业务当天记录,记录当日发生额,并结出余额,最后合计本日借方、贷方发生额。

业务流程

根据当日发生的经济业务,分别登记现金日记账和银行存款日记账。

业务 9　出纳单据交接

2022 年 06 月 02 日,出纳方芳根据当天工作涉及的经济业务单据,将单据整理好后,移交给财务主管张咏梅。

实训任务
(1) 取出出纳单据交接表,将当日发生的每笔经济业务的单据进行登记。
(2) 出纳将所有单据移交给财务主管,办理移交手续。

实训指导
在财务部内部,会计人员与出纳人员的工作联系最为密切,收付款的原始单据几乎天天在会计与出纳之间进行传递,但是实务工作中,并不是每一天都要办理单据移交手续,应根据公司规模大小、业务发生是否频繁而定。如果公司规模较小、业务发生不频繁,单据也可以几天移交一次,但是出纳一定要将单据保管好,以免丢失。

出纳单据交接存在的主要原因是,由于一些企业管理不规范,没有很好的内控措施,会计与出纳之间原始单据传递交接无章可循,最后因原始单据丢失而发生相互指责或推卸责任的问题。因此,虽然是财务部内部,原始单据在会计与出纳之间进行传递交接,也应做好交接手续,登记出纳单据交接表。该表分清楚了会计与出纳人员之间的责任,避免因责任不清而发生单据遗失后相互扯皮。同时,出纳为了减少因丢失凭证而发生的损失,降低赔偿风险,应及时把相关的付款凭证交接给会计。

出纳单据交接表的制作,可以根据公司的要求进行设置,必须涵盖当日收支业务的摘要及金额。对于每天收支比较多的单位,出纳每天均需编制出纳日报,即将当日的现金收支情况、银行存款收支情况进行详细的说明,也有单位用出纳日报来代替交接表。但是出纳在将凭证交给会计时,必须双方确认签字后移交,以保证权责分明。交接完毕,出纳应妥善保管交接表。

出纳单据交接表应一式两份,出纳和会计各持一份,妥善保管。

业务流程

图 2-2-8　业务流程

(1) 出纳根据当天的经济业务整理单据,并逐笔登记出纳单据交接表。
(2) 以出纳单据交接表为清单,将所有票据移交给会计人员。
(3) 双方确认无误,都在出纳单据交接表上确认签字。
(4) 票据正式移交会计,进行账务处理。出纳单据交接表,出纳和会计各持一份,存档备查。

业务 10　开出转账支票支付款项

2022 年 06 月 15 日,采购部张磊购买硒鼓 10 套,已验收入库。张磊按照公司流程填写付款申请单给出纳,并附上采购发票。出纳方芳审核无误,开具转账支票向供应商支付货款。

实训任务

(1) 取出付款申请单一张,协助张磊进行填写。

(2) 取出转账支票一张,票据编号为:28293930,进行填写。(支付密码器生成的密码为 2815-2460-8250-1983)

(3) 登记转账支票使用登记簿。

实训指导

转账支票是出票人签发给收款人办理结算或委托开户银行将款项支付给收款人的票据,也是出票人开出的付款通知。

转账支票和现金支票一样,有正反两面,正面又分为左右两部分,左部分是存根联,右部分是支付联(也称正联),转账支票的具体填写如下。

1. 正面支付联

(1) 出票日期:数字必须大写,大写数字写法为零、壹、贰、叁、肆、伍、陆、柒、捌、玖、拾。例如,2021 年 12 月 5 日写为"贰零贰壹年壹拾贰月零伍日"。

(2) 收款人:填写对方的单位名称。

(3) 付款行名称、出票人账号:本单位开户银行名称及银行账号小写(账号)。企业向银行领购空白支票时,银行一般根据企业填写的信息,将企业的银行名称及银行账号盖印在空白支票上。

(4) 人民币(大写):例如 8560.31,写为"捌仟伍佰陆拾元(零)叁角壹分";732.00,写为"柒佰叁拾贰元整","整"写为"正"字也可以。

(5) 人民币(小写):最高金额的前一位空白格填写符号"￥",数字填写要求完整清楚。

(6) 用途:转账支票没有具体的规定,可填写"货款""代理费"等。

2. 正面存根联

存根联作为内部做账依据,填写要求没有支付联那么严格,填写与支付联内容一致的相关内容。

(1) 日期:小写日期。

(2) 收款人:收款人名称,可简称。

(3) 金额:小写金额,并在前面加"￥"。

(4) 用途:填写与支付联一致。

3. 转账支票背面

无需填写。

4. 注意事项

支票支付联不能有涂改痕迹,否则本支票作废;受票人如果发现支票填写不全,可以补记,但不能涂改;支票的有效期为 10 天。

业务流程

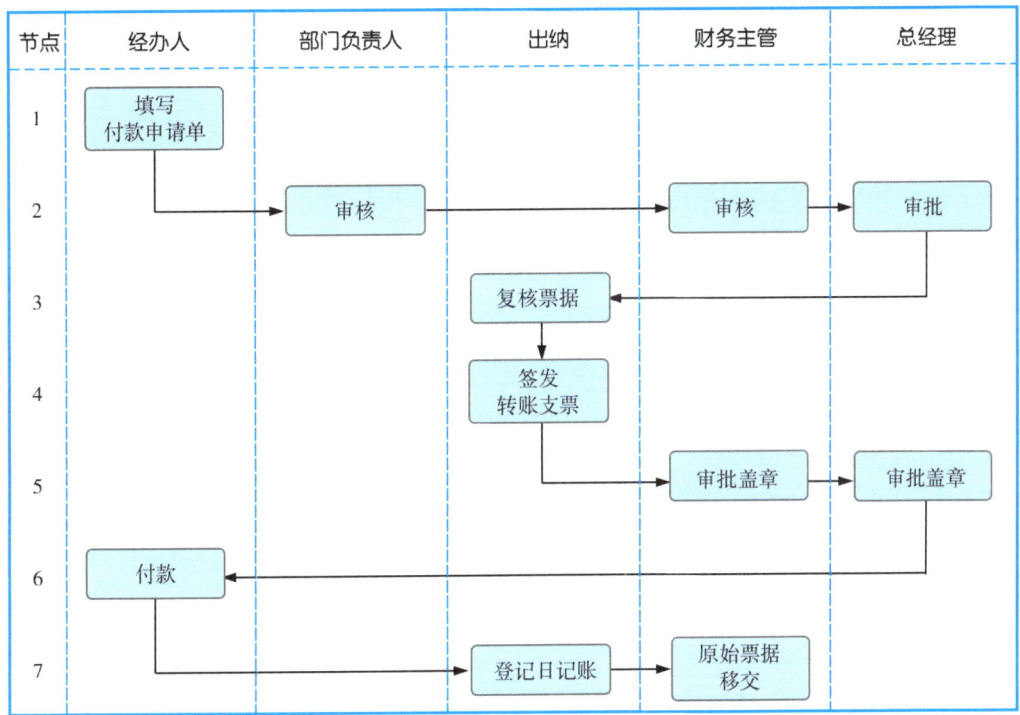

图 2-2-9 业务流程

(1) 申请人按要求填写付款申请单,如有原始票据,粘贴在付款申请单后面。

(2) 根据企业制度,完成审批流程。

(3) 出纳复核付款申请单及所附原始单据,确认无误后,进行付款。

(4) 查询银行账户余额,登记"转账支票领用登记簿",填写转账支票,并生成支付密码。

(5) 转账支票填好后,必须在支票的正面加盖企业在银行的预留印鉴,财务专用章和法人章,印章清晰,缺一不可。

(6) 将转账支票的支付联撕下,交经办人用于支付款项。

(7) 根据支票存根联登记日记账,然后将原始票据作为记账依据移交会计进行账务处理。

业务 11 收到转账支票进账

2022年06月15日,收到购货单位江州市汇海科技有限公司开出的转账支票一张,金额12 000元,用于支付前欠货款。出纳方芳办理进账手续。

实训任务
(1)收到的转账支票审核无误后,进行填写盖章。
(2)取出进账单一份进行填写。

实训指导
1.收到转账支票及时验票

收到转账支票后,出纳要及时检验票面内容。发现问题,及时与交来支票的人员或者出票单位联系。验票内容包括:
(1)纸面:应该平整无折痕。
(2)出票日期:需要在有效期内。
(3)收款人:名称应该正确、完整。
(4)金额:大小写必须对应一致,数额准确。
(5)用途:需要与实际相符。
(6)密码:是否已填入。如尚未填入,记存于何处。
(7)印鉴:应该清晰、完整。
(8)背面:是否有背书信息;如果有背书信息,检查一下背书是否连续完整。

2.在期限内及时办理入账

出纳拿着转账支票后,要在期限内及时到银行去办理手续,以免错过时间造成不必要的麻烦。

3.转账支票背面的填写
(1)被背书人:公司的开户行。
(2)业务:委托收款,也可不填。
(3)日期:办理转账支票入账的日期。
(4)盖章:需要在转账支票背面盖上财务章和法人章。

4.进账单的填写

银行放置对公票据的服务台可以免费领取进账单。进账单为一式三联,第一联是开户银行交给持票人的回单;第二联是收款人的开户银行的贷方凭证;第三联是收款人的开户银行交给收款人的收账通知。根据转账支票填写进账单的信息:
(1)日期:填写办理转账支票进账当天的日期。
(2)出票人全称:出票单位全称,不可简称。

（3）出票人账号：出票单位的开户银行账号。

（4）出票人银行名称：出票单位的开户银行名称。

（5）收款人全称：进账单位全称，不可简称。

（6）收款人账号：进账单位的开户银行账号。

（7）收款人银行名称：进账单位的开户银行名称。

（8）金额：和转账支票上的金额一致。

（9）票据种类：填写"转账支票"，一般不要求填写。

（10）票据张数：填写"1 张"，可不填。

（11）票据号码：填写转账支票的号码。

业务流程

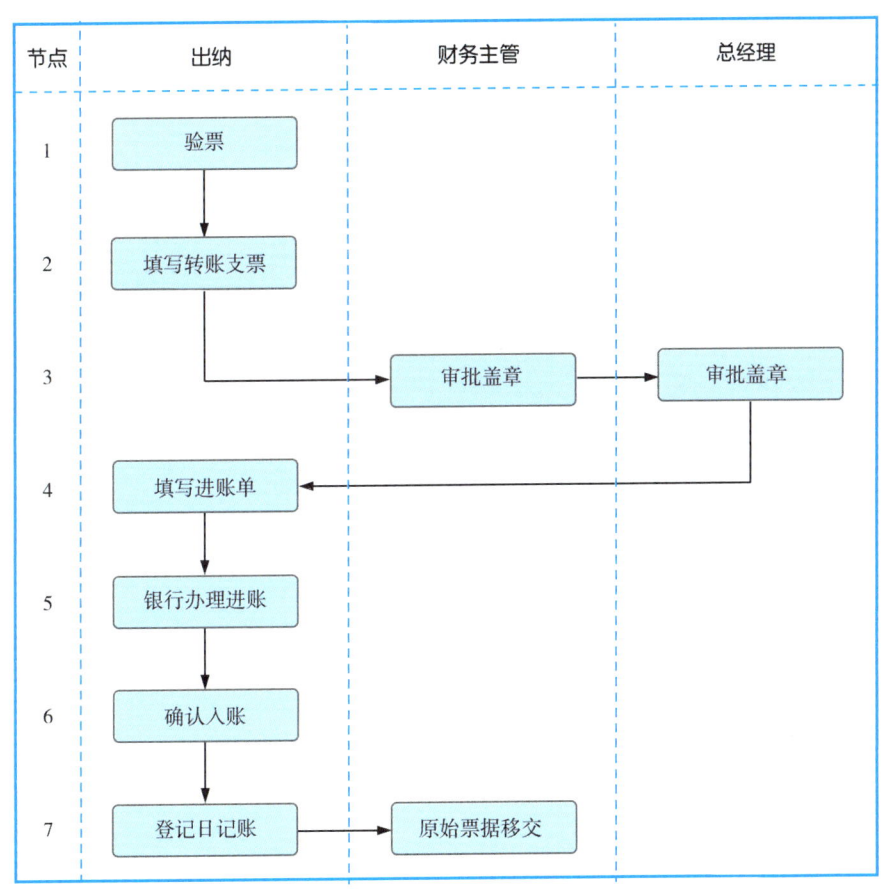

图 2-2-10 业务流程

（1）出纳审核转账支票，主要检查公司名称、金额、对方公司印章等是否正确清晰。

（2）出纳审核无误后，在转账支票背面被背书人处填写开户银行名称，填写业务办理日期。

（3）背书人签章框内加盖银行预留印鉴，财务专用章和法人章。

（4）根据转账支票信息,填写进账单。

（5）拿着转账支票和进账单到银行办理入账。

（6）登录网银,确认款项已入账。

（7）登记日记账,将原始票据作为记账依据移交会计进行账务处理。

业务 12　开具银行承兑汇票

2022 年 06 月 15 日,签发一张 6 个月后到期的银行承兑汇票给江东行知科技有限公司(开户银行:中国建设银行江州新区支行;账号:32050161841900003781),支付货款,金额 100 000元。

实训任务

(1) 取出转账支票一张,票据编号为:28293931,进行填写。(收款单位:江东东方科技有限公司;开户银行:中国建设银行江州梁溪支行;银行账号:32050164515230000458;支付密码:2870-4540-2891-2870)

(2) 取出进账单一份,进行填写。

(3) 取出银行承兑汇票一份,进行填写。(付款行信息:行号 302000006378,地址:江州市新区行创四路 38 号)

实训指导

银行承兑汇票是由出票人签发的,由银行承兑的,委托付款人在指定日期无条件支付确定的金额给收款人或者持票人的票据。银行承兑汇票期限最长不得超过 6 个月,同城异地均可使用。

银行承兑汇票为一式三联,第一联卡片,此联为承兑银行留存备查;第二联汇票,此联为收款人开户行向承兑银行收取票款时,作联行往来账,付出的传票;第三联存根,此联由出票人存查,作为记账凭证。

银行承兑汇票划转流程如图 2-2-11 所示。

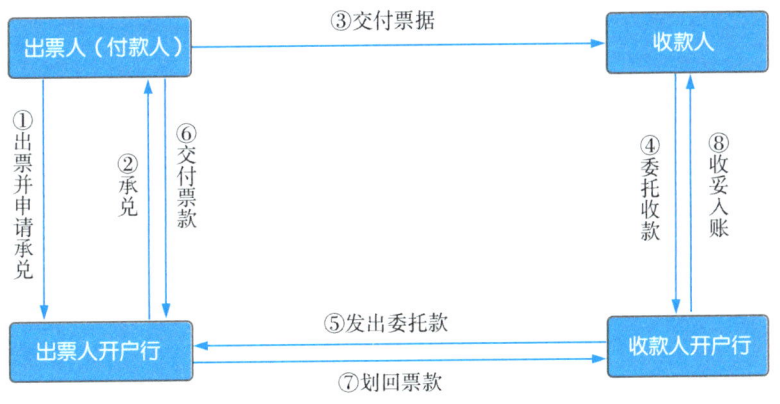

图 2-2-11　银行承兑汇票划转流程

业务流程

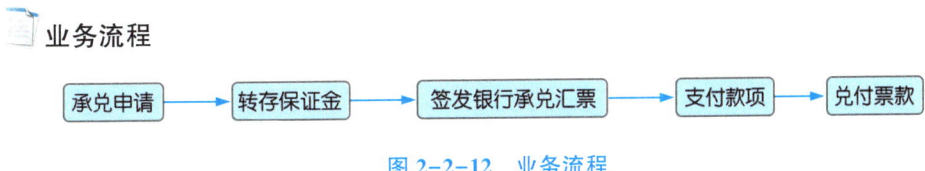

图 2-2-12　业务流程

（1）承兑申请。承兑是指汇票付款人承诺在汇票到期日支付汇票金额的票据行为。一般情况下，只有购销合同上注明使用银行承兑汇票结算，出纳才能申请银行承兑汇票。申请银行承兑汇票时，先向开户银行提出申请，并提供相应的申请资料，然后携带相应的银行预留印鉴到银行现场办理。由于各银行的要求有所差异，企业在申请办理之前，最好先咨询各自的开户行。

（2）转存保证金。企业提出承兑申请，经银行审核完成后，出纳应向银行指定账户存入保证金或办理担保。企业转存保证金时，如通过转账支票存入保证金的，需要填写转账支票，收款人是企业本身，并加盖银行预留印鉴，填写进账单。支票和进账款的出票人和收款人都是企业本身，但收款人账号是银行的指定账号。

（3）票据签发。办妥相关手续后，银行就可以签发银行承兑汇票了。银行承兑汇票填写完后，需在汇票的第一联和第二联的出票人签章处加盖银行预留印鉴，再将银行承兑汇票交给银行。

（4）支付款项。出纳将填写完整并加盖银行预留印鉴后的银行承兑汇票交还银行，银行在第二联上盖章后退给出纳，该汇票才可以用于结算。

（5）兑付票款。银行承兑汇票交给收款方后，出纳应在票据到期前将足额的票款存入付款账号。银行承兑汇票到期后，出纳会收到银行的付款通知。出纳应核对付款通知与银行承兑汇票上的信息，确认无误后，银行会把款项划给收款人。

【注意事项】对于银行承兑汇票而言，如果企业到期无力支付，银行会先将其账户的余额和申请时转存的保证金一并扣除，然后垫付企业不足支付的款项。最后，企业不仅要偿还银行垫付的款项，还要支付相关的利息，同时在中国人民银行会有不良信息记录。

业务 13　银行承兑汇票到期托收

2022 年 06 月 15 日,收到江州市汇海科技有限公司的一张银行承兑汇票到期,出纳方芳办理托收手续。

实训任务
(1) 取出到期的银行承兑汇票,进行填写盖章。
(2) 取出托收凭证一份,进行填写。

实训指导
1. 收到银行承兑汇票及时验票
收到银行承兑汇票后,出纳要及时检验票面内容。发现问题,及时与交来汇票的人员或者出票单位联系。验票内容包括:
(1) 纸面:应该平整无折痕。
(2) 汇票到期日:需要在有效期内。
(3) 收款人:名称应该正确、完整。
(4) 金额:大小写必须对应一致,数额准确。
(5) 用途:需要与实际业务相符。
(6) 印鉴:清晰、完整。
(7) 背面:是否有背书信息;如果有背书信息,检查一下背书是否连续完整。

2. 在期限内及时办理入账
出纳拿着银行承兑汇票后,要在到期日起 10 日内及时到银行办理手续,以免错过时间造成不必要的麻烦。

3. 银行承兑汇票背面填写
(1) 被背书人:公司的开户行。
(2) 业务:委托收款。
(3) 日期:办理银行承兑汇票入账的日期。
(4) 盖章:需要在银行承兑汇票背面盖上财务章和法人章。

4. 托收凭证填写
银行放置对公票据的服务台可以免费领取托收凭证。托收凭证为一式五联,第一联为受理回单,第二联为收款人开户银行的记账凭证,第三联为付款人开户银行的记账凭证,第四联为收款人的收账通知,第五联为付款人的付款通知。严格按照银行承兑汇票上的信息进行填写。
(1) 日期:办理托收业务的日期填写(小写)。
(2) 业务类型:委托收款,电划。
(3) 付款人信息:①全称:付款人名称;②账号:付款人账号;③开户行地址:付款行地址。

（4）收款人信息:①收款人全称:收款人的单位全称;②收款人账号:收款人的开户银行账号;③开户行地址:收款人开户行地址。

（5）金额:和银行承兑汇票上的金额一致。

（6）款项内容:托收承兑业务的内容,如货款等。

（7）托收凭据名称:银行承兑汇票。

（8）附寄单证张数:所附单据的张数。

（9）商品发运情况:商品发运的状态,如已发;也可不填。

（10）合同名称号码:托收所依据合同的名称及号码,可不填。

（11）盖章:在托收凭证的第二联收款人签章处,盖上银行预留印鉴。

业务流程

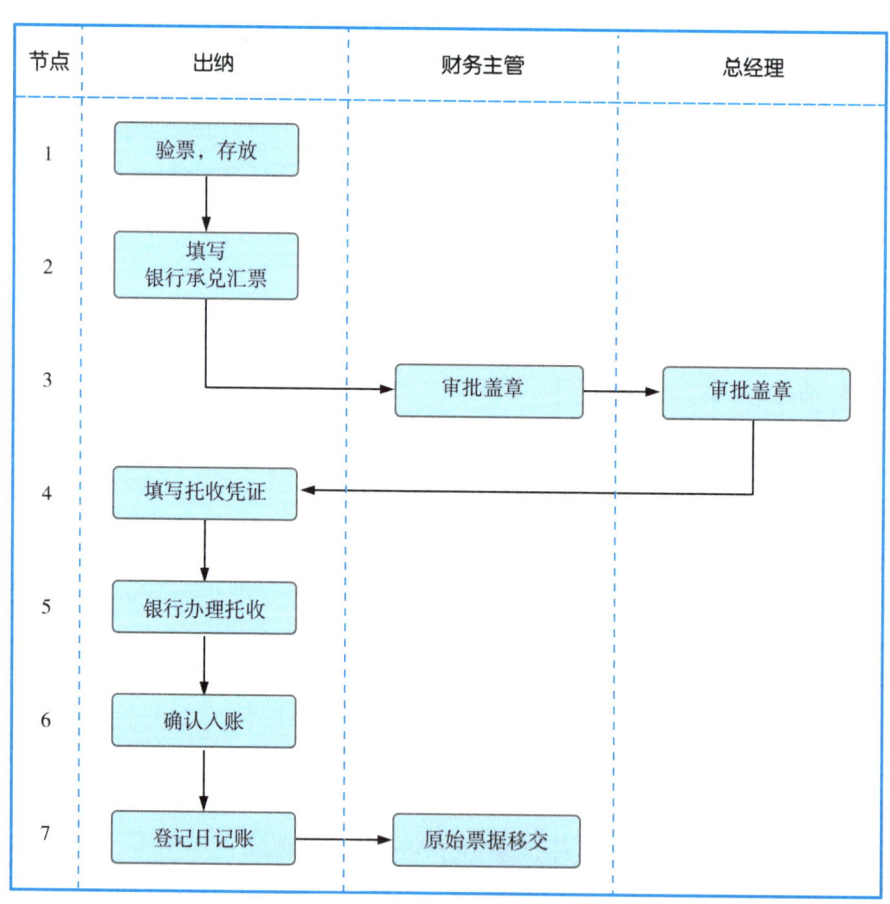

图 2-2-13　业务流程

（1）收到银行承兑汇票要先验票,确认无误后妥善保存。

（2）到期后,取出银行承兑汇票进行填写。

（3）背书人签章框内加盖银行预留印鉴,财务专用章和法人章。

（4）根据银行承兑汇票内容,填写托收凭证。

（5）拿着银行承兑汇票和托收凭证,到银行柜台办理入账。

（6）手续办理完成后,查询银行账户余额,确认已入账。

（7）登记日记账,将原始票据作为记账依据移交会计进行账务处理。

【备注】银行承兑汇票的使用可以登记备查簿备查,以保证票据的主要信息及时被记录和跟踪,但不是必须流程。

业务 14　背书转让银行承兑汇票

2022 年 06 月 15 日,采购部采购一批电脑,采购员张磊按照公司制度填写付款申请单并附上采购发票。出纳方芳审核无误后,将收到的江东理想科技有限公司的银行承兑汇票背书转让给供应商江州大路商贸有限公司。

实训任务

(1) 取出付款申请单一张,协助张磊进行填写。

(2) 取出银行承兑汇票,进行背书转让。

(3) 取出银行承兑汇票的粘单一张,粘贴至银行承兑汇票的背面"贴粘单处"。

实训指导

1. 收到银行承兑汇票及时验票

收到银行承兑汇票后,出纳要及时检验票面内容。发现问题,及时与交来汇票的人员或者出票单位联系。验票内容包括:

(1) 纸面:应该平整无折痕。

(2) 汇票到期日:需要在有效期内。

(3) 收款人:名称应该正确、完整。

(4) 金额:大小写必须对应一致,数额准确。

(5) 用途:需要实际相符。

(6) 印鉴:清晰、完整。

(7) 背面:是否有背书信息;如果有背书信息,检查一下背书是否连续完整。

2. 在期限内及时办理背书转让

出纳拿着银行承兑汇票后,如果需要背书转让,需要在到期日前相对充足的时间完成,给下一家公司留出足够的时间到银行办理业务。

3. 背书转让的填写

(1) 被背书人:背书转让的下一家公司。

(2) 盖章:需要在银行承兑汇票背面盖上财务章和法人章。

(3) 背书日期:办理背书事项的日期。

业务流程

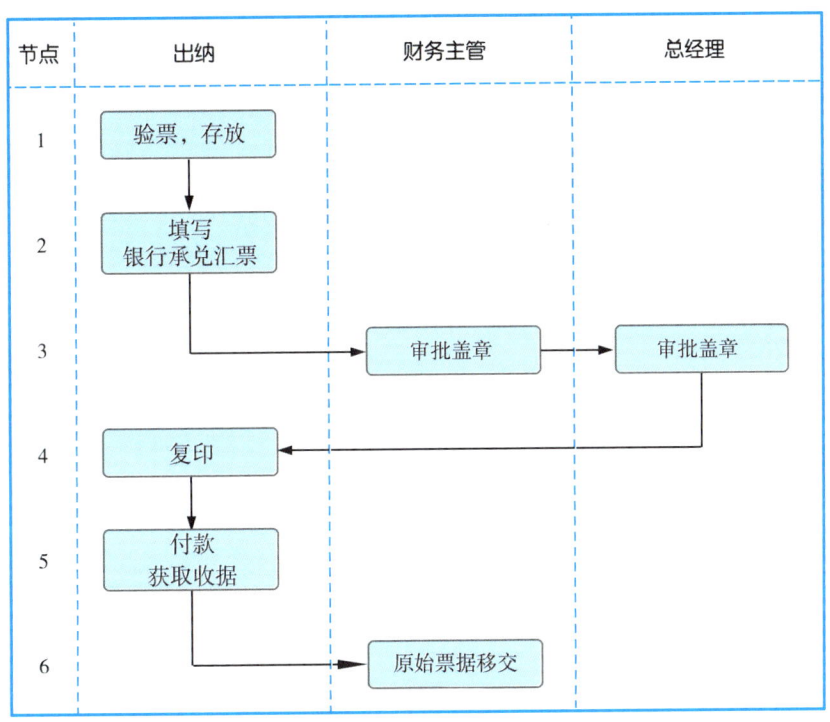

图 2-2-14　业务流程

（1）收到银行承兑汇票要先验票,确认无误后妥善保存。

（2）进行转让时,取出银行承兑汇票,进行背书填写。多次背书且银行承兑汇票背面的背书人位置不够,需要使用粘单。使用粘单时,除了要在粘单上盖银行预留印鉴,还要在粘单的骑缝处盖银行预留印鉴。

（3）加盖银行预留印鉴,财务专用章和法人章。

（4）填写盖章完成后,进行复印,复印件将作为记账依据。

（5）使用银行承兑汇票支付款项,对方收到确认无误后,开具收款收据。

（6）将收款收据和银行承兑汇票复印件作为记账依据移交会计进行账务处理。

业务 15　登记日记账

2022 年 06 月 15 日,出纳方芳根据当天发生的经济业务,登记现金日记账和银行存款日记账。

实训任务
根据本日发生的业务登记至现金日记账和银行存款日记账。

实训指导
参照业务 8。

业务流程
参照业务 8。

第二节

业务 16　出纳单据交接

2022 年 06 月 15 日,出纳方芳根据当天工作涉及的经济业务单据,将单据整理好后,移交给财务主管张咏梅。

实训任务
(1) 取出出纳单据交接表将当日发生的每笔经济业务的单据进行登记。
(2) 出纳将所有单据移交给财务主管,办理移交手续。

实训指导
参照业务 9。

业务流程
参照业务 9。

业务 17　网银收到货款

2022 年 06 月 25 日,销售员高建告知出纳方芳,客户已通过网银汇款 15 000 元,支付前欠货款,请确认是否收到款项。

实训任务

出纳以操作员身份登录企业网上银行进行查询,确认款项是否到账。

实训指导

企业只要在银行有开立相关账户,就可以向开户行申请开通网上支付。

1. U 盾

开通业务办理完成后,会领取 U 盾(也称为 U-Key),如图 2-2-15 所示。一般银行会给企业几个不同权限的 U 盾,并且每个 U 盾密码不一致。

图 2-2-15　U 盾

由于银行给企业的 U 盾分有不同的权限,企业使用 U 盾进行网上支付既减少了网络交易给企业带来的资金风险,又可以防止企业内部工作人员挪用资金,一举两得。企业在使用网上支付业务时,不同岗位的人员应根据自己的权限进行相关操作。一般情况下,U 盾主要有 3 个角色:操作员、审核员、管理员。

（1）操作员:U 盾的操作员权限一般是由出纳拥有,主要负责录入信息。

（2）审核员:U 盾的审核员权限一般是由会计主管或经理拥有,主要负责审核出纳提交的信息。

（3）管理员:U 盾的管理员权限一般是由总经理拥有,主要负责对操作员和审核员的权限控制及复核功能。

2. 登录网银

首次登录企业网上银行,需要先登录银行官网下载相对应的组件。按要求安装完成后,将 U 盾插入电脑,就可以登录企业网上银行了。以中国建设银行为例,图 2-2-16 为登录界面。

图 2-2-16 登录界面

3.使用的注意事项

（1）在办理付款过程中,如果收款人信息（如收款人全称、账号等）出现错误,即使审核员未发现,确认了这笔付款指令,款项也是无法转出的。银行会在隔天将款项退回,并自动显示退回回单。

（2）在办理付款过程中,如果只有支付金额写错,那么审核员审核通过后,银行会立即受理,无法撤销,企业只能与收款方协商退款事宜。

（3）网上支付一般是不能透支的,在进行企业日常的网上支付业务操作时,出纳需要保证账户内有足够的余额。

（4）企业网上银行转账的手续费是自动扣款的,具体收费标准请参考各银行的规定。

业务18　网银支付个人报销款

2022年06月25日,采购部张磊采购一套办公桌椅5 000元,张磊按照公司制度填写费用报销单,并完成审批签字。出纳方芳审核无误后,网银转账进行报销。

实训任务

(1) 查看借款记录,冲销借款。（原借款3 000元）

(2) 新增账户信息:张磊,账号6217401280010355815,开户行为中国建设银行。

(3) 以制单员身份登录网银,进行转账制单。

(4) 以审核员身份登录网银,进行审核。

实训指导

(1) 支付个人报销款前,先查询借款记录,如有借款,应先冲减借款。支付货款的,先查询付款记录,如已有部分支付,必须与合同核对数据,确认无误后,再进行付款。

(2) 为了提高工作效率,可将付款方信息添加至网银内,后期付款时,可以直接调用。

业务流程

图2-2-17为网银付款流程。

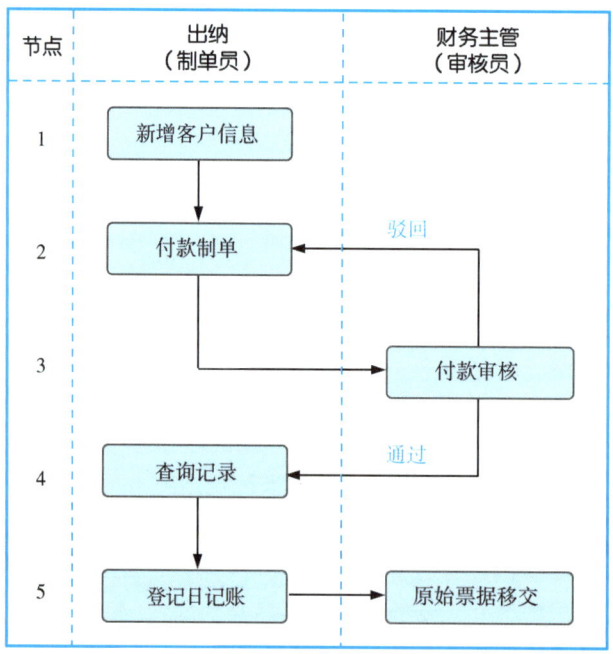

图2-2-17　网银付款流程

（1）出纳以制单员权限登录网银,新增客户信息,以便后期使用。

（2）根据审批通过的单据信息进行付款制单,确认无误,录入交易密码,制单完成。

（3）财务主管以审核员权限登录网银,对于制单员提交的单据进行审核,审核通过,录入交易密码,付款成功;审核不通过,单据被驳回,付款失效。

（4）付款成功后,出纳以制单员权限登录,查询交易明细,确认付款。

（5）登记日记账,将原始票据作为记账依据移交会计进行账务处理。

业务 19　网银支付货款

2022 年 06 月 25 日,出纳方芳收到付款申请单,审核无误后,通过网银支付款项。

实训任务

（1）新增账户信息：江州市智慧办公耗材有限公司,中国工商银行江州新区支行265291248391256。

（2）以制单员身份登录网银,进行转账制单。

（3）以审核员身份登录网银,进行审核。

实训指导

参照业务 18。

业务流程

参照业务 18。

业务 20　发放工资

2022 年 06 月 25 日,出纳方芳根据工资表,使用网银的代发代扣功能,发放工资。

实训任务
(1) 以制单员身份登录网银,进行代发制单。
(2) 以审核员身份登录网银,进行审核。

实训指导
代发代扣业务,需要到开户行申请开通后才可使用,所需资料可咨询开户行。
在进行代发制单时,上传的文件,必须严格按照银行模板进行填写,否则将上传失败。特别注意,如工资表中设置了公式,在粘贴过程中,去掉所有公式格式。

业务流程
参照业务 18。

员工账号信息如表 2-2-3 所示。

表 2-2-3　员工账号信息表

部门	姓名	账号	银行
总经办	林海涛	6225775103253081	招商银行股份有限公司江州分行营业部
	陈　果	6215561103001377216	中国工商银行股份有限公司江州清扬支行
财务部	张咏梅	6230420830182953172	中国农业银行江州新区支行
	方　芳	6218735103050717	招商银行股份有限公司江州分行营业部
采购部	刘　伟	6217004280003762770	中国建设银行
	张　磊	6217401280010355815	中国建设银行
销售部	李大强	6227870839079136678	中国农业银行江州梁溪支行
	高　建	6217001280008516559	中国建设银行
仓储部	王　倩	6218702502408171	招商银行江州江宁万达支行

业务 21　登记日记账

2022 年 06 月 25 日,出纳方芳根据当天发生的经济业务,登记现金日记账和银行存款日记账。

实训任务
根据本日发生的业务登记至现金日记账和银行存款日记账。

实训指导
参照业务 8。

业务流程
参照业务 8。

业务 22   出纳单据交接

2022 年 06 月 25 日,出纳方芳根据当天工作涉及的经济业务单据,将单据整理好后,移交给财务主管张咏梅。

实训任务
(1) 取出出纳单据交接表将当日发生的每笔经济业务的单据进行登记。
(2) 出纳将所有单据移交给财务主管,办理移交手续。

实训指导
参照业务 9。

业务流程
参照业务 9。

业务 23　库存现金盘点

2022 年 06 月 30 日,出纳方芳在财务主管张咏梅的监盘下,盘点库存现金,盘点的结果按照面值分别为:100 元 76 张,10 元 2 张,5 元 1 张,硬币 1 角 1 枚。现金的账面余额为 7 625.10 元。

实训任务

取出库存现金盘点表一份,进行填写。

实训指导

库存现金盘点是出纳每天下班都要进行的自我清查工作,同时月底也要进行监盘,以及不定期盘点。盘点现金的基本方法是实地盘点法,将现金实存数与现金日记账的余额进行核对。现金的实存数,是指保险柜内实有的现金数额,借条、收据等单据都不得抵充现金数。确定库存现金的实存数,再与现金日记账的账面结存余额进行核对,以查明具体情况,盘点时,一般由出纳盘点,会计或财务主管监盘,发现盘盈或盘亏,应填制库存现金盘点表。

库存现金盘点表兼有"盘存单"和"实存账存对比表"的作用,是反映现金实有数和调整账簿记录的重要原始凭证。

现金盘点的目的是加强对出纳工作的监督,及时发现可能发生的现金差错或丢失,防止贪污、盗窃、挪用公款等不法行为的发生,确保库存现金安全完整,各单位应建立库存现金清查制度,由有关领导和专业人员组成盘点清查小组,定期或不定期地对库存现金情况进行清查盘点,重点放在账款是否相符、有无白条抵库、有无私借公款、有无挪用公款、有无账外资金等违纪违法行为。

库存现金盘点表的填写如下:

（1）盘点日期:填写盘点当天的日期。

（2）账面库存余额:填写盘点日现金日记账的账面金额。

（3）未记账凭证收入小计:记录尚未入账的现金收入。

（4）未记账凭证支出小计:记录尚未入账的现金支出。

（5）账面应有金额:根据现金账面余额和未入账的收入支出计算调整金额。

（6）应有现金数额:实际盘点的现金金额。

（7）应有与实有差异:账面应有金额与实际盘点金额的差额。

（8）差异原因分析:如存在差异,寻找原因,据实填写。

（9）签字:盘点人、监盘人、核准人进行确认签字。

业务流程

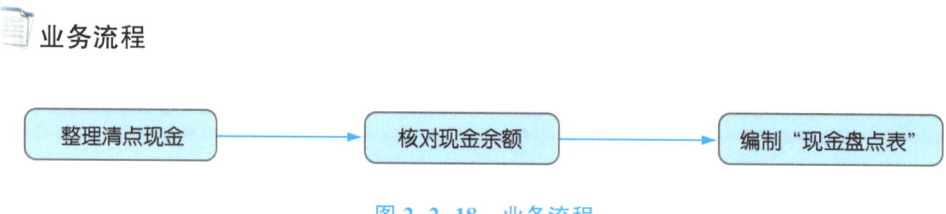

图 2-2-18　业务流程

（1）现金清查采用实地盘点法,日清月结,账实相符。

（2）清查前,出纳先自行清查保险柜的库存现金,将未入账的收付票据及时登账,再将盘点的现金及现金日记账的余额进行核对,无误后结账。

（3）出纳、领导等相关人员参与盘点,编制库存现金盘点表,盘点当事人需要在盘点表上签字。

第二节

业务 24 打印银行回单和银行对账单

2022 年 07 月 01 日，出纳方芳到银行打印 6 月份的银行回单和银行对账单。

实训任务

（1）到银行打印 2022 年 6 月份银行回单和银行对账单。（实训票据中已提供）

（2）将银行回单与业务单据——核对，并进行粘贴。

实训指导

1. 关于银行对账单和银行回单的概念

银行对账单是指银行客观记录企业资金流转情况的记录单。就银行对账单的概念来说，银行对账单反映的主体是银行和企业，反映的内容是企业的资金，反映的形式是对企业资金流转的记录。就其用途来说，银行对账单是银行和企业之间对资金流转情况进行核对和确认的凭单。就其特征来说，银行对账单具有客观性、真实性、全面性等基本特征。

通俗地说，银行对账单是银行会在次月初打印上个月企业的资金往来明细汇总表。

银行回单即回执单，是银行受理客户结算业务的凭证，包括存取款凭证、收付款凭证、转账凭证、电信汇款凭证等，是企业编制记账凭证的原始依据。银行代理单位收款以及银行收的管理费、利息单等回单。

通俗地说，回单是每笔业务发生的凭据，不管是收款还是付款都会有回单，会计需要凭回单做账。次月初，出纳可以带上结算卡或者回单箱卡，到银行打印银行回单和银行对账单，也可以通过企业网上银行营业厅打印电子回单。

打印银行对公账户的对账单有以下三种方式，所需材料各不相同：

（1）银行柜台查询及打印：需提供公司公章及户名（银行网点可凭此查到开户账号）或账号，柜台即可打印出需要的时间段内的账单。

（2）自助打印机查询及打印：需携带银行结算卡或回单箱卡，在自助查询机刷卡，即可查询需要时间段的对账单，也可点击打印出单。

（3）网银查询及打印：登录网上银行营业厅，需提供登录账号及账号密码，进行登录。在"我的账户"右侧的功能栏中选择"电子回单"，即可查询及打印。

网银打印的电子回单和到银行去打印的电子回单有细微的区别，到银行打印的电子回单，是加盖银行鲜章的，而网银打印的电子回单没有。但两个内容相同，都可以作为企业做账的凭证。

2. 关于单位结算卡的相关知识

单位结算卡是商业银行面向开户企业发行的专用银行卡，银行业内统称"单位结算卡"。单位结算卡与企业银行基本账户相关联，可以自行设定取款、转账、消费的权限或限额，具有身份识别、现金存取、转账汇款等功能，从而极大方便了企业交易结算，有效提高资金运用效率。

单位结算卡具有三个特点：

（1）企业在银行柜面办理结算业务时，凭结算卡和密码直接办理存款、取款、转账、电汇等业务。

（2）使用结算卡可在银行 ATM 等自助终端办理现金存取、转账、查询，不受作息时间、节假日的限制。

（3）根据业务需要灵活管理。单位结算卡能实行"一卡多户"，即将企业在一家银行不同网点开立的活期、定期、保证金账户以及理财账户进行关联，便于就近办理业务，统一账户和财务管理。

第二节

业务 25　银行存款核对

2022 年 07 月 01 日,出纳方芳核对银行存款日记账上的余额和银行存款账户余额是否相符。如若不符,是否需要编制银行存款余额调节表。

实训任务

取出银行存款余额调节表一份,进行填写。

实训指导

银行存款的核对与库存现金和实物的核对方法不同,它通常是采用与开户银行核对账目的方法进行的,一般在和银行核对账目之前,应检查本单位的银行存款日记账的正确性和完整性。然后,与银行对账单逐笔核对。

1. 银行存款日记账和银行对账单核对

(1)通过核对银行存款日记账和银行对账单,若发现双方账目不一致,应该先及时查明原因,如果是漏记、重记、方向相反,或者填写错误等原因导致,应予以更正。

(2)如果银行存款日记账与银行对账单核对不符,属于未达账项原因导致的,需要编制"银行存款余额调节表"。未达账项,就是公司与银行之间,对同一项经济业务由于凭证传递上的时间差所形成的一方已登记入账,而另一方因未收到相关凭证,尚未登记入账的事项。

2. 银行存款余额调节表

银行存款余额调节表,是在银行对账单余额与企业账面余额的基础上,各自加上对方已收、本单位未收账项数额,减去对方已付、本单位未付账项数额,以调整双方余额使其一致的一种调节方法。该表的主要目的是核对银行存款企业账目与银行账目的差异,也用于检查企业与银行账目的差错。

【注意事项】银行存款余额调节表只能起到核对账目的作用,不得用于调整银行存款账面余额,不属于原始凭证。未达账项只有在收到有关凭证后才能进行有关的账务处理。银行存款余额调节表一般由会计人员编制,但有些企业由出纳编制,因此出纳也应掌握银行存款余额调节表的编制和填写。一般情况下,银行存款余额调节表都有固定的格式。

3. 银行存款余额调节表的填写

(1)填写企业的开户银行的名称。

(2)填写企业在开户银行的银行账号。

(3)填写编制银行存款余额调节表的截止日期。

(4)填写银行存款日记账的余额。

(5)将银行已收,企业未收的入账时间、凭证号及余额逐项填写在相应区域。

(6)将银行已付,企业未付的入账时间、凭证号及余额逐项填写在相应区域。

(7)根据公式:调节后的余额=银行存款日记账余额+银行已收而企业未收−银行已付而企

业未付,进行计算并填写。

（8）填写银行对账单的余额。

（9）将企业已收,银行未收的入账时间、凭证号及余额逐项填写在相应区域。

（10）将企业已付,银行未付的入账时间、凭证号及余额逐项填写在相应区域。

（11）根据公式:调节后的余额＝银行对账余额＋企业已收而银行未收－企业已付而银行未付,进行计算并填写。

（12）制表人在制单后签名。

（13）财务主管审核后签名。

业务 26　月末结账

2022 年 07 月 01 日,出纳方芳按照上月登记的银行存款日记账和现金日记账,进行结账。

实训任务

6 月份的银行存款日记账和现金日记账审核无误后,进行结账。

实训指导

月末结账是以一个月为结账周期,每个月末对本月内的库存现金、银行存款等有关的经济业务情况进行总结。

结账,是指把一定时期内发生的全部经济业务和相应的财产收支情况,定期进行汇总、整理、总结的工作。每个单位都必须按照有关规定定期做好结账工作。

结算期内发生的各项经济业务要全部入账,不能提前也不得延时结账。对于现金日记账及银行存款日记账应当结出本期发生额和期末余额。

这里以现金日记账为例。出纳员月末结账时,应在该月最后一笔经济业务下一行"摘要"栏内注明"本月合计"字样,并结算出"借方""贷方"和"余额"栏的本月合计和月末余额,在下面画一条通栏单红线。对需逐月结算本年累计发生额的账户,应逐月计算从年初至本月份止的累计发生额,并登记在月结的下一行,在"摘要"栏内注明"本年累计"字样,并在这一行下面画一条通栏单红线,以便与下月发生额划清。

银行存款日记账和上述现金日记账的结账方法类似。

除了上述结账方法,有部分企业月末结账时,直接在该日、该月最后一笔经济业务下面画一条通栏单红线,这种做法也是可以的,出纳应当有所了解;也有部分企业月末结账时,只结出"本月合计",未结出"本年累计",这种做法也可以,具体情况可根据企业而定。

业务 27　登记现金日记账专项实训（拓展训练）

根据模拟公司 7 月发生的经济业务，登记现金日记账（Excel 版）。

实训任务

（1）使用 Excel 自制现金日记账表格。

（2）根据经济业务，逐一登记。（结转上月库存现金余额为 15 920 元）

模拟公司 7 月经济业务如下：

业务 1：2022 年 7 月 1 日，出纳通过现金支票，提取备用金 5 000 元。

业务 2：2022 年 7 月 2 日，向个人销售产品，收取现金 5 580 元。

业务 3：2022 年 7 月 2 日，将收取的货款 5 580 元存入银行基本户。

业务 4：2022 年 7 月 2 日，行政部门员工预借 1 000 元，购买办公用品，审批单已通过审核，出纳已通过现金支付。

业务 5：2022 年 7 月 5 日，行政部门员工使用现金向江州市福华超市购买办公用品，消费金额 800 元，回公司已通过报销单申请，退还给公司 200 元，出纳已收。

业务 6：2022 年 7 月 5 日，上午收到客户支付的现金货款 12 200 元，下午已存入银行。

业务 7：2022 年 7 月 5 日，销售部门人员出差，预借差旅费 2 500 元，出纳用现金予以支付。

业务 8：2022 年 7 月 6 日，向供货商购买 A 材料、B 材料验已验收入库，并用现金支付运费 693 元，货款尚未支付。

业务 9：2022 年 7 月 7 日，向供货商购买 A 材料 600 件，单价 150 元；B 材料 400 件，单价 100 元，货款 130 000 元，增值税 16 900 元，用现金支付运费 297 元，货款尚未支付，材料已验收入库。

业务 10：2022 年 7 月 8 日，行政部门给公司订购日常饮用水 20 桶，现金支付 200 元，已收到相关票据，并填写报销单，出纳已报销。

业务 11：2022 年 7 月 9 日，销售部门人员出差回来报销差旅费 2 000 元，交回多余现金 500 元，出纳现金收讫。

业务 12：2022 年 7 月 10 日，从银行提取现金 120 000 元，以备发职工工资。

业务 13：2022 年 7 月 10 日，用现金 120 000 元发放职工工资。

业务 14：2022 年 7 月 11 日，出纳用现金支付购买的 A4 纸 300 元。

业务 15：2022 年 7 月 11 日，签发现金支票从银行提取现金 10 000 元备用。

业务 16：2022 年 7 月 15 日，按照销售绩效表，向销售部门发放奖金 2 000 元，用现金支付。

业务 17：2022 年 7 月 16 日，财务部门寄出发票，支付顺丰快递费 500 元，已收到相关票据，出纳人员已报销，以现金支付。

业务 18：2022 年 7 月 17 日，因公司销售主管过生日，行政部门按照公司福利规定，给主管张伟订购生日蛋糕和鲜花，共消费 500 元，款项已审核通过，出纳已支付现金。

业务 19：2022 年 7 月 18 日，向个人销售商品，现金收入 9 000 元。

业务 20：2022 年 7 月 18 日，出纳将销售产品收取的货款 9 000 元，存入银行账户。

业务 21：2022 年 7 月 20 日，支付上月水电费 4 390 元，出纳已用库存现金支付。

业务 22：2022 年 7 月 25 日，支付公司宽带上网费 5 270 元，出纳人员已用现金支付。

业务 23：2022 年 7 月 25 日，提取备用金 20 000 元。

业务 24：2022 年 7 月 25 日，购买礼品赠送客户，共消费 3 000 元，出纳用现金支付。

业务 25：2022 年 7 月 26 日，向投资者发放股利 15 300 元，用库存现金支付。

业务 26：2022 年 7 月 26 日，总经办员工出差预借 3 000 元，出纳用现金支付。

业务 27：2022 年 7 月 28 日，购买办公用品，支付 458 元，出纳人员用库存现金支付。

业务 28：2022 年 7 月 28 日，采购部采购一台办公桌，支付 460 元，出纳用库存现金已报销该笔款项。

业务 29：2022 年 7 月 29 日，总经办员工出差回来，填写报销单，共报销 4 320 元(7 月 26 日预借差旅费 3 000 元)出纳用现金补给李华 1 320 元的报销款。

业务 30：2022 年 7 月 31 日，出纳报销员工代支付的电话费 1 380 元，其中管理部门 520 元，销售部门 860 元，已支付现金。

业务 28　登记银行存款日记账专项实训（拓展训练）

根据模拟公司 7 月发生的经济业务,登记银行存款日记账(Excel 版)。

实训任务

(1) 使用 Excel 自制银行存款日记账表格。

(2) 根据经济业务,逐一登记。(公司基本户建设银行账户 6 月余额为 6 268 000 元)

"模拟公司"7 月发生有关银行存款的经济业务汇总如下:

业务 1:2022 年 7 月 1 日,因备用金不足,从中国建设银行基本户提取备用金 5 000 元。

业务 2:2022 年 7 月 1 日,收到江东华西电子有限公司前欠货款,金额为 10 280 元,通过银行转账支付。

业务 3:2022 年 7 月 2 日,收到江州大东方百货有限公司银行转账支票一张,金额为 90 000元,为预收产品定金,出纳已去银行办理相关进账业务。

业务 4:2022 年 7 月 3 日,向江州华为科技有限公司购买平板电脑 10 台,每台 4 110 元,电脑已收到,已通过银行存款支付。

业务 5:2022 年 7 月 3 日,向江州小米科技有限责任公司购买 A 材料 500 件,单价 160 元,共支付 80 000 元,产品未入库,货款已转账支付。

业务 6:2022 年 7 月 4 日,开出现金支票,支付前欠江州华为科技有限公司货款 34 220 元。

业务 7:2022 年 7 月 4 日,支付上月电费 4 250 元,其中管理部门 2 110 元,销售部门 2 140元,出纳已用网银转账支付给江州电力有限责任公司。

业务 8:2022 年 7 月 4 日,通过银行转账,支付江州行天下广告有限公司广告费 50 000 元,并收到相关发票。

业务 9:2022 年 7 月 5 日,支付前欠江州华为科技有限公司货款 20 000 元,通过中国建设银行网银支付。

业务 10:2022 年 7 月 5 日,销售产品,收到江州大东方百货有限公司电汇款 5 380 元。

业务 11:2022 年 7 月 9 日,收到江州未来打印社 6 月电脑配件款现金 18 800 元,填写现金缴款单,送存银行。

业务 12:2022 年 7 月 14 日,签发现金支票一张,从中国建设银行提取备用金 6 000 元。

业务 13:2022 年 7 月 14 日,销售人员李华到广州出差洽谈业务,预借差旅费 5 000 元,通过银行转账支付。

业务 14:2022 年 7 月 14 日,管理部门王涛报销购买办公用品 4 500 元,出纳以银行转账支付。

业务 15:2022 年 7 月 15 日,通过基本户建设银行发放 6 月工资,共计 512 340 元(包含半年度奖金)。

业务 16:2022 年 7 月 15 日,银行扣缴 6 月住房公积金,共计 85 480 元。

业务 17:2022 年 7 月 15 日,银行扣缴 6 月社会保险费,共计 89 532.5 元。

业务 18:2022 年 7 月 15 日,通过银行扣缴个人所得税,共计 45 740 元。

业务 19：2022 年 7 月 15 日，缴纳企业 6 月增值税及附加税等税费，共 9 462.54 元。

业务 20：2022 年 7 月 15 日，缴纳企业第 2 季度企业所得税 23 175 元，银行存款已支付。

业务 21：2022 年 7 月 20 日，销售经理王大鹏报销部门差旅费 4 420 元，出纳因库存现金不足，通过银行存款转账支付。

业务 22：2022 年 7 月 21 日，通过银行转账给江州绿地物业有限公司，缴纳 2022 年 7 月应付房租 21 000 元。

业务 23：2022 年 7 月 21 日，收到中国建设银行回单，江州思密达科技有限公司汇入货款 500 000 元。

业务 24：2022 年 7 月 22 日，购买江州华为科技有限公司手机 30 台，每台 5 000 元（含税价），用于奖励销售人员，银行转账支付 150 000 元。

业务 25：2022 年 7 月 22 日，收到中国建设银行计息清单，金额 1 550 元。

业务 26：2022 年 7 月 22 日，收到中国建设银行手续费单据，银行扣款汇款手续费 525 元。

业务 27：2022 年 7 月 25 日，向江州无能电子有限公司购进一批半成品，按合同约定先付费 20 000 元，银行网银支付。

业务 28：2022 年 7 月 28 日，江州红米科技有限公司因金额不足，向我公司借款 500 000 元，期限 6 个月，经过公司高层和董事会批准，出纳已通过银行转账划转。

业务 29：2022 年 7 月 28 日，需要支付本月银行短期借款利息 2 000 元，银行已扣款。

业务 30：2022 年 7 月 31 日向江州小米科技有限责任公司购买 A 材料 600 件，单价 150 元；B 材料 400 件，单价 100 元，合计含税价 146 900 元，用现金支付运费 297 元，货款已转账支付，材料已验收入库。

业务 29　银行对账单实训

下载银行对账单,使用 Excel 相关功能快速查询数据。

**实训任务**

请运用"金蝶"或"用友"软件进行实训练习。

票据簿

1-1

出纳工作交接表

公司：江东东方科技有限公司　　　　　　　　　　　　　　日期：2022年06月01日

移交项目	数量	备注
一、具体业务移交		
1. 库存现金：5月31日账面金额为1 218.10元，账实相符。		
2. 银行存款：5月31日账面金额为600 000元，账实相符。		
3. 借款台账：5月25日预支销售部李大强差旅费5 000元。		
二、账簿		
1. 现金日记账	1本	余额相符
2. 银行存款日记账	1本	余额相符
三、有价证券		
1. 银行承兑汇票（号码：90883465，金额：￥200 000.00）	1张	
2. 银行承兑汇票（号码：60542753，金额：￥70 000.00）	1张	
四、票据		
1. 现金支票（已用）	10张	票号：00825682-00825691
现金支票（未用）	5张	票号：00825692-00825696
2. 转账支票（已用）	20张	票号：28293910-28293929
转账支票（未用）	5张	票号：28293930-28293934
3. 收款收据（已用）	15张	票号：3948546-3948560
收款收据（未用）	3张	票号：3948561-3948563
4. 增值税专用发票	15张	票号：00972315-00972329
5. 增值税普通发票	18张	票号：01024521-01024538
五、印鉴		
1. 现金收讫章	1枚	
2. 现金付讫章	1枚	
六、其他物品		
1. 钥匙	2把	办公室钥匙、保险柜钥匙各1把
2. 网上银行U盾1个，支付密码器1个		
3. 密码		保险柜密码：******
		办公电脑密码：******
		网银U盾密码：******
		网银交易密码：******

　　2022年5月31日前的出纳责任事项由王君负责；2022年6月1日起的出纳责任事项由方芳负责。以上移交事项经双方交接确认无误。

　　本交接表一式三份，双方各执一份，存档一份。

移交人：王君　　　　　　　　　接交人：方芳　　　　　　　　　监交人：张咪瑞

票据簿

出纳单据交接表

2-1

日期	编号	付款/收款	摘要	供应商/客户	金额	单据张数
				本日合计：		

合计：

出纳：

票据簿

票据簿

中国建设银行
China Construction Bank

现金支票

5010601D
0082569

出票日期（大写）　　　　年　　月　　日
收款人：
付款行名称：
出票人账号：

人民币
（大写）

亿千百十万千百十元角分

用途

上列款项请从
我账户内支付

密码

行号

出票人签章

复核　　　　记账

建设银行
现金支票存根
5010601D
00825692

附加信息

出票日期　　年　　月　　日
收款人：
金　额：
用　途：
单位主管：　　　　会计：

票据簿

票据簿

根据《中华人民共和国
票据法》等法律法规的规定,
签发空头支票由中国人民银
行处以票面金额 5% 但不低
于1000元的罚款。

（ 贴 粘 单 处 ）

收款人签章

年　月　日

身份证件名称：　　　发证机关：

号码

附加信息：

3-1

3200184160

江东增值税普通发票

No 01024521

3200184160
01024521

开票日期：2022年06月02日

购买方	名　　称：李雷 纳税人识别号： 地　　址、电　话： 开户行及账号：

密码区	09/52>1-/3/83-7*3+374-+10247 360+7<+>7->07+-83890 6*34914/ 7015-382>8>9*94<17*-9735-/01 98/691+9+6*6/0585+/2>3-7<39>

货物或应税劳务、服务名称	规格型号	单位	数量	单价	金额	税率	税额
*电子计算机*电脑		台	1	5292.0354	5292.04	13%	687.97
合　计					￥5292.04		￥687.97

价税合计（大写）　⊗ 伍仟玖佰捌拾圆壹分　　（小写）￥5980.01

销售方	名　　称：江东东方科技有限公司 纳税人识别号：91320214373MA0958L 地　　址、电　话：江州市人民东路888号 086-835962135 开户行及账号：中国建设银行江州梁溪支行 32050161635700000659

备注：方芳

收款人：方芳　　复核：张咏梅　　开票人：方芳　　销售方：（章）

税总函〔2022〕619号★★造币有限公司

票
据
簿

3-2-1

收 据

No. 3948561

年 月 日

今收到

交 来：

人民币
（大写）

佰	拾	万	仟	佰	拾	元	角	分
			￥					

收款单位
（盖章）

① 存根（白） ② 收据（红） ③ 记账（黄）

☐ 转账　☐ 现金
☐ 支票　☐ 其他

财务主管　　记账　　出纳　　审核　　经办

票据簿

3-22

收　据

No. 3948561

年　月　日

今收到

交　来：

人民币（大写）

收款单位（盖章）

¥　佰　拾　万　仟　佰　拾　元　角　分

□转账　□现金
□支票　□其他

① 存根（白）　② 收据（红）　③ 记账（黄）

财务主管　　记账　　出纳　　审核　　经办

票据簿

3-2-3

收　据

No. 3948561

年　月　日

① 存根（白）　② 收据（红）　③ 记账（黄）

今收到

交　来：

人民币
（大写）

收款单位
（盖章）

佰　拾　万　仟　佰　拾　元　角　分

￥

□ 转账　□ 现金
□ 支票　□ 其他

财务主管　　　　记账　　　　出纳　　　　审核　　　　经办

票
据
簿

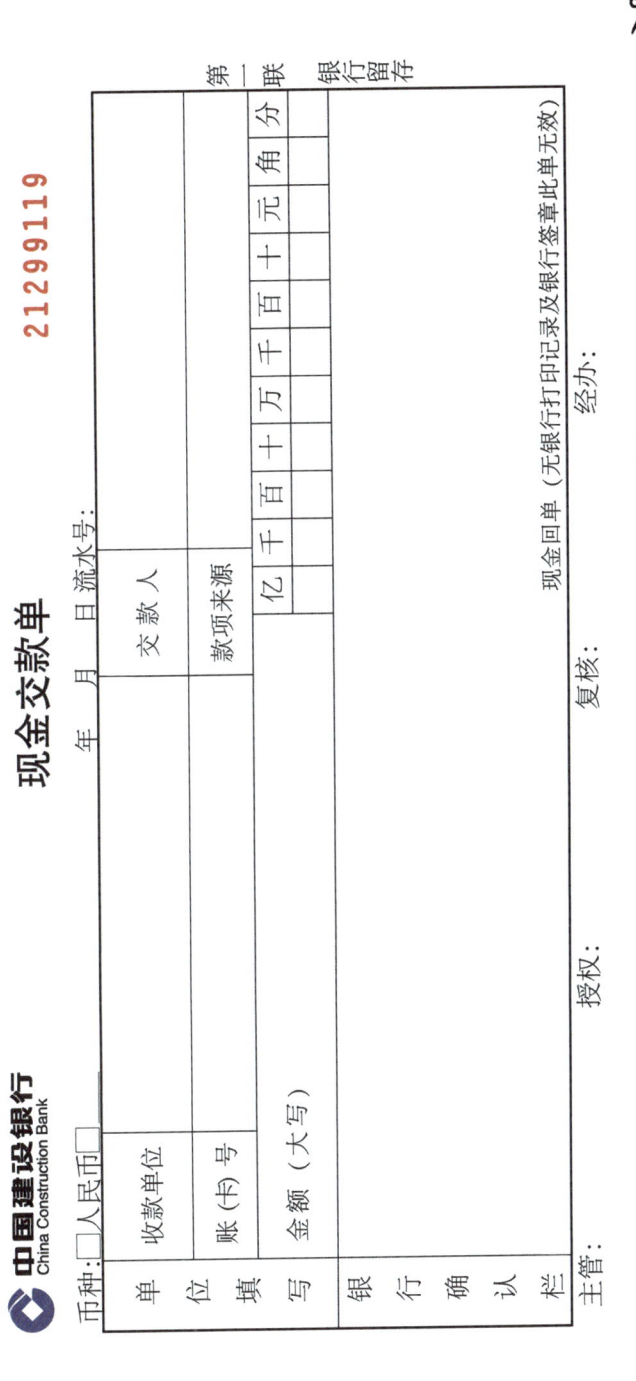

票据簿

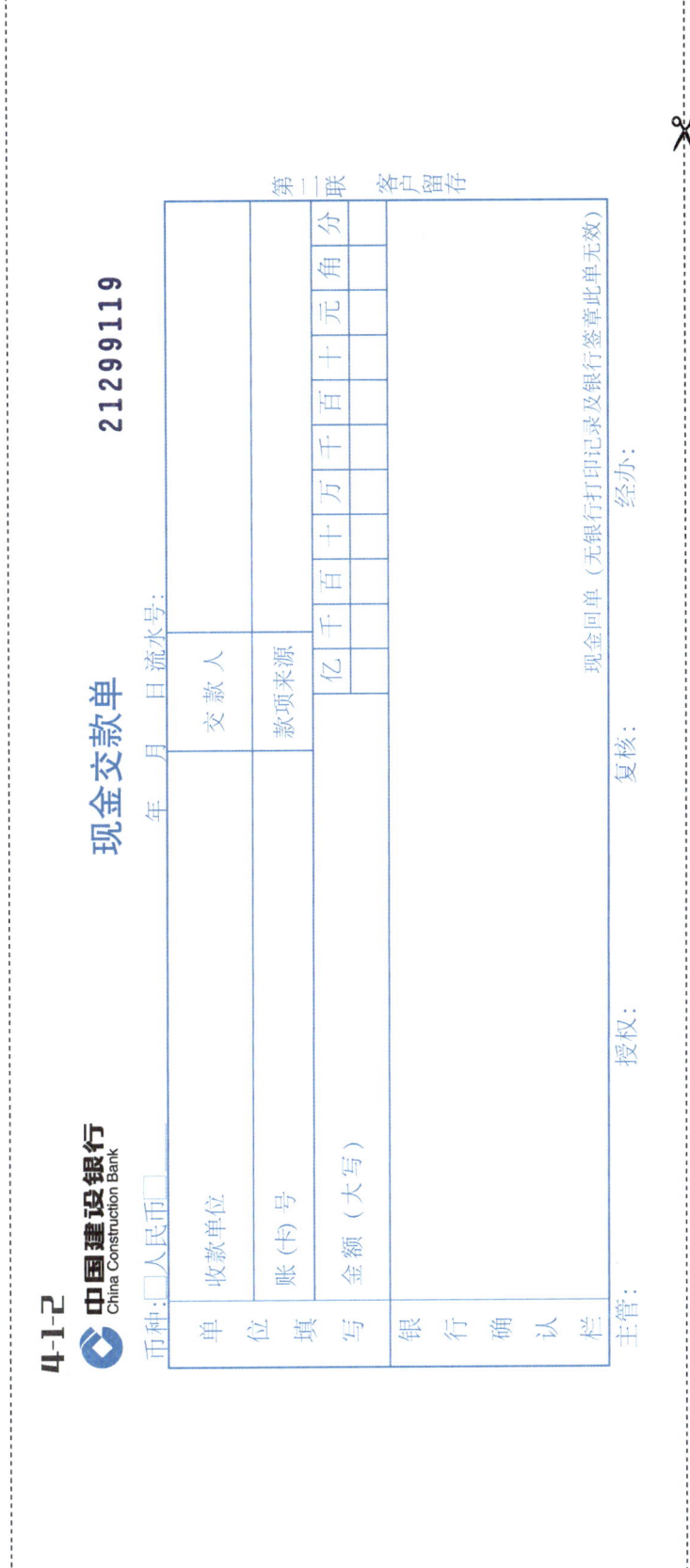

4-1-2

票据簿

5-1

借 款 单

年　月　日填

部　　　　门		借　款　人	
借　款　事　由			
预计还款/报销日期			
借　款　金　额	人民币（大写）　　拾　万　仟　佰　拾　元　角　分		￥
领　号　审　批		借款人收签	年　月　日

票
据
簿

借款台账

5-2

姓 名	部 门	摘 要	借款金额	借款日期	还款金额	归还日期	余 额

票据簿

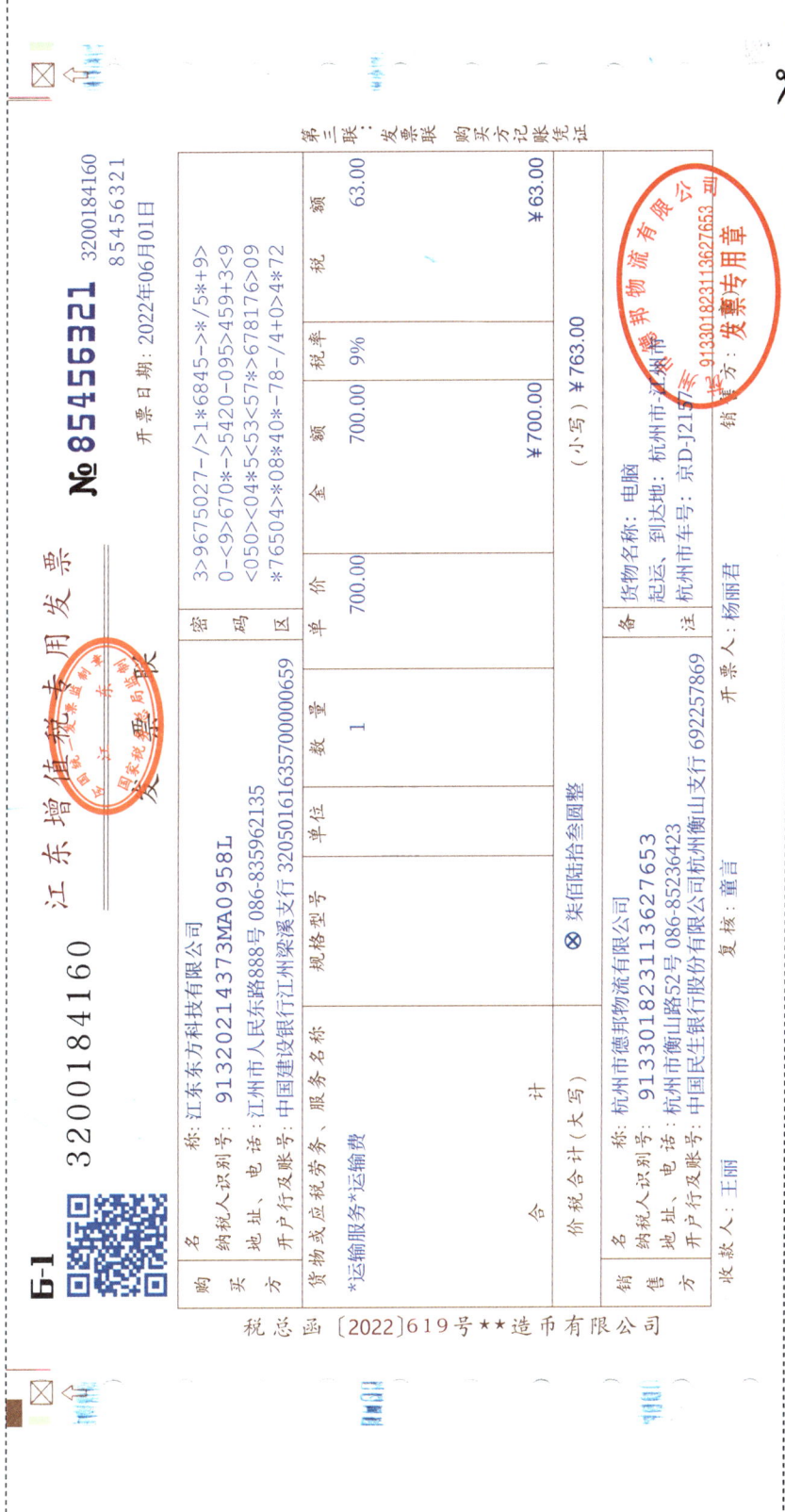

6-1

32OO184160

江东增值税专用发票

№ 85456321

3200184160
85456321

开票日期：2022年06月01日

购买方	名　　称：江东东方科技有限公司
	纳税人识别号：91320214373MA0958L
	地　　址、电话：江州市人民东路888号 086-83596215
	开户行及账号：中国建设银行江州梁溪支行 32050161635700000659

货物或应税劳务、服务名称	规格型号	单位	数量	单价	金额	税率	税额
*运输服务*运输费			1	700.00	700.00	9%	63.00
合　　计					￥700.00		63.00

密码区：
3>9675027-/>1*6845->*/5*+9>
0-<9>670*->5420-095>459+3<9
<050><04*5<53<57*>67817 6>09
*76504>*08*40*-78-/4+0>4*72

价税合计（大写）　⊗ 柒佰陆拾叁圆整　　（小写）￥763.00

销售方	名　　称：杭州市德邦物流有限公司
	纳税人识别号：91330182311362 7653
	地　　址、电话：杭州市衡山路52号 086-85236423
	开户行及账号：中国民生银行股份有限公司杭州衡山支行 69225869

备注：
货物名称：电脑
起运、到达地：杭州市-江州市
杭州市车号：京D-J2157

收款人：王丽　　复核：童言　　开票人：童言

税总函〔2022〕619号 ★★造币有限公司

票据簿

6-2

费 用 报 销 单

报销部门：

年　月　日填

单据及附件共_____张

用　途	金额（元）	备　注	
		领 号	审
		审	批
		部 门 审 核	
合　计		原借款：	退／补：
人民币（大写）	拾　万　仟　佰　拾　元　角　分		

财务主管　　　会计　　　出纳　　　报销人　　　元　　　领款人　　　元

票据簿

7-1

航空运输电子客票行程单
ITINERARY/RECEIPT OF E-TICKET FOR AIR TRANSPORT

旅客姓名 NAME OF PASSENGER	有效身份证件号码 ID.NO.	印刷序号: SERIAL NUMBER:
李大强	3213231987120304	

签注 ENDORSEMENT/RESTRCTIONS(CABRON)

不得签转

承运人 CARRIER	航班号 FLIGHT	座位等级 CLASS	日期 DATE	时间 TIME	客票级别/客票类别 FARE BASIS	免费行李 ALLOW
自FROM 江州 CKG						
MF	8460	M	05-27	1405	Y70.00	20K
至TO 北京 TSN	VOID					
至TO VOID						
至TO						
至TO						

票价 FARM						
CNY 1000.00					NOTVALIDBEFORE NOTVALIDAFTER	

民航发展基金	燃油附加费 FUEL SURCHARGE	其他税费 OTHER TAXES	合计 TOTAL
CNY 50.00	CNY 0.00	CNY	CNY 1050.00

电子客票号码 731232441 7520
E-TICKET NO.

验证码 提示信息 INFORMATION
CK

销售单位代号 XMN021	填开单位 江州华信航空服务公司	保险费 INSURANCE XXX
AGENT CODF 08673102	ISSUED BY	填开日期 2022-05-27 DATE OF ISSUE

验真网址：WWW.TRAVELSKY.COM 服务热线：400-815-8888 短信验真：发送JP至106699018

请乘客登机前认真阅读《旅客须知》及承运人的运输总条件内容

RECEIPT
付款凭证

INVALID IN HANDWRITING
手写无效

票据簿

7-2

航空运输电子客票行程单

ITINERARY/RECEIPT OF E-TICKET
FOR AIR TRANSPORT

印刷序号：
SERIAL NUMBER:

旅客姓名 NAME OF PASSENGER	有效身份证件号码 ID.NO.					
李大强	32132319871212 0304					

承运人 CARRIER	航班号 FLIGHT	座位等级 CLASS	日 期 DATE	时 间 TIME	客票级别/客票类别 FARE BASIS	签注 ENDORSEMENT/RESTRICTIONS(CABRON)	免费行李 ALLOW
自FROM 北京 YHJ						不得签转	
MF	8546	M	05-31	1625	Y70.00		20K
至TO 江州 UJH	YUHJ						
至TO VOID							
至TO							
至TO							

票价 FARM
CNY 1000.00

民航发展基金
CNY 50.00

燃油附加费 FUEL SURCHARGE
CNY 0.00

其他税费 OTHER TAXES
CNY

合计 TOTAL
CNY 1050.00

电子客票号码 E-TICKET NO. 7312324417520

销售单位代号 AGENT CODE XMN021 08673102

验证码 确认信息/提示信息
CODE INFORMATION

填开单位 ISSUED BY 江州华信航空服务公司

保险费 INSURANCE XXX

填开日期 DATE OF ISSUE 2022-05-31

销售网址：WWW.TRAVELSKY.COM 服务热线:400-815-8888 短信验真:发送JP至106699018

请乘客乘机前认真阅读《旅客须知》及承运人的运输总条件内容

RECEIPT 付款凭证

INVALID IN HANDWRITING 手写无效

NOT VALID BEFORE NOT VALID AFTER

票据簿

票 据 簿

7-5

机器编号：49909960269

江东增值税电子普通发票

发票代码：3300180021l
发票号码：53986161
开票日期：2022年05月31日
校验码：04140 11955 21145 03819

购买方	名　称：江东东方科技有限公司 纳税人识别号：9132021437JMA0958L 地　址、电　话：江州市人民东路888号 086-835962135 开户行及账号：中国建设银行江州溧溪支行 3205016357000000659

密码区：
7<>52191>*-/6104603+389285/219*2467*<
74*2<7>-28-95+95265+1593-6+<384<1+8>8
7972/01939*>-7104+<1/01/+-539-0<8+71
271/3+*5>63257/>-032+<18/50414<<+9*9*

货物或应税劳务、服务名称	规格型号	单位	数量	单价	金额	税率	税额
*经纪代理服务*特定房费			4	385.00	1540.00	6%	92.40
合　计					￥1540.00		￥92.40

价税合计（大写）⊗壹仟陆佰叄拾贰元肆角　　　　　（小写）￥1632.40

销售方	名　称：酷飞在线信息科技江州有限公司 纳税人识别号：913201025980427656R 地　址、电　话：江州市玄武区后宰门西村95号 025-87128588 开户行及账号：中国银行江州后宰门支行 47546110782l

备注：
康福瑞连锁酒店（北京学院南路店信息科技京州有限公司
（FreeComfortHolidayHotel）
2022年05月27日入住，2022年05月31日离店

销售方：（章）

收款人：王大陆　　　复核：周一　　　开票人：刘雨轩

票据簿

机器编号：49909960269

7-6

北京增值税电子普通发票

发票代码：3300180211
发票号码：5398616
开票日期：2022年06月01日
校 验 码：04140 11955 21145 03819

购买方	名 称：江东东方科技有限公司	密 码 区	7<>52191>*-/610460348928519*2467* 74*2<7>-28-95+95265+1593-6+<384<1+8>8 7972/01939*>-7104+<1/01/+<539-0<8+71 271/3+*5>63257/>-032+<18/50414<+9*9*	
	纳税人识别号：91320214373MA0958L			
	地址、电话：江州市人民东路888号 086-835962135			
	开户行及账号：中国建设银行江州梁溪支行 32050161635700000659			

货物或应税劳务、服务名称	规格型号	单位	数量	单 价	金 额	税率	税 额
*运输服务*客运服务费		次	1	512.9126	512.91	3%	15.39
合 计					¥512.91		¥15.39

价税合计（大写）	⊗ 伍佰贰拾捌元叁角		（小写）¥528.30

销售方	名 称：滴滴出行科技有限公司北京分公司	备 注	交通开票
	纳税人识别号：91110108MA009C666H		
	地址、电话：北京市海淀区东北旺西路8号院35号楼4层401室 010-62682929		
	开户行及账号：招商银行股份有限公司北京东三环支行 110925436310606		

收款人：张力强　　复核：桂春辉　　开票人：杜洪亮　　销售方：（章）

票据簿

7-7

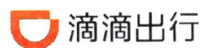滴滴出行

滴滴出行-行程单
DIDITRAVEL-TRIP TABLE

姓名：_____ 工号：_____ 部门：_____

▌申请日期：2022-06-01　　　▌行程起止日期：2022-05-15至2022-05-31
▌行程人手机号码：139****6532　▌共8笔行程，合计528.30元

序号	车型	上车时间	城市	起点	终点	里程[公里]	金额[元]	备注
1	快车	05-15 10:49周五	江州市	理想大厦	科技大厦	3.5	24.50	
2	快车	05-15 13:30周五	江州市	科技大厦	理想大厦	3.6	25.30	
3	快车	05-23 10:35周六	江州市	万科新城	千禧大酒店	4.9	34.60	
4	快车	05-23 13:35周六	江州市	千禧大酒店	万科新城	5.1	36.30	
5	快车	05-27 17:59周三	北京市	北京首都国际机场	康福瑞连锁酒店	61.1	188.60	
6	快车	05-28 08:02周四	北京市	康福瑞连锁酒店	文化大厦	2.9	14.40	
7	快车	05-28 17:56周四	北京市	文化大厦	康福瑞连锁酒店	2.8	13.40	
8	快车	05-31 14:23周日	北京市	康福瑞连锁酒店	北京首都国际机场	63.2	191.20	

票据簿

票据簿

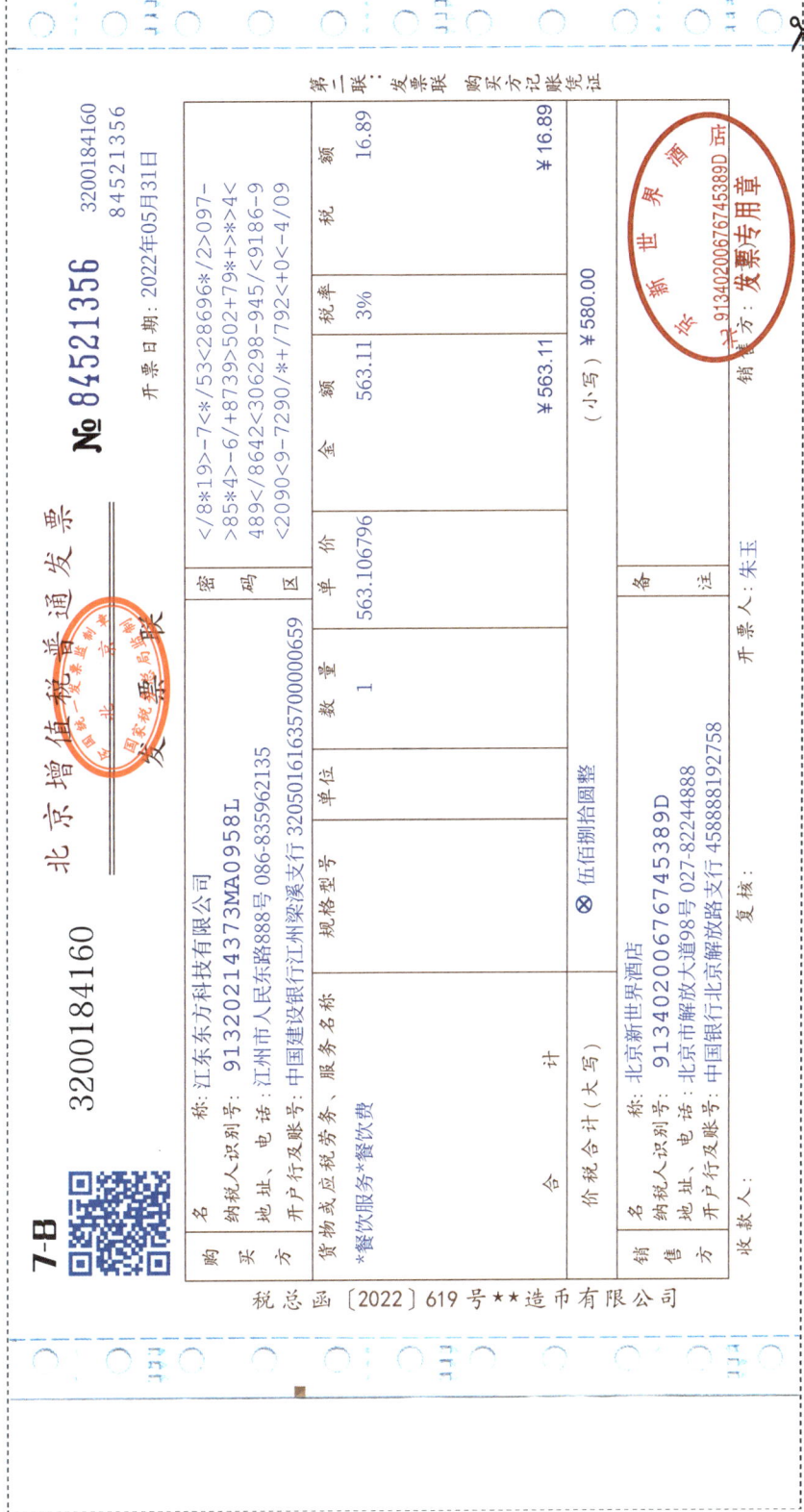

票据簿

7-9

差 旅 费 报 销 单

报销部门：

姓名		职别			出差事由				单据及附件共____张

出差起止日期：自　年　月　日起至　年　月　日填

日期		起 讫 地 点	交通费	住宿费	餐费	出差补助	其他	小计
月	日							
合 计						共　　天		

人民币（大写）	拾	万	仟	佰	拾	元	角	分	原借款：		退／补：

领导审批　　　　部门主管　　　　财务主管　　　　会计　　　元　　出纳　　元　　领款人　　元

票据簿

原始凭证粘贴单

7-10

说明：
1. 原始单据需分类粘贴，如飞机票、餐饮票等
2. 将原始单据大小相同的粘贴在一起，票面金额相同的粘贴在一起
3. 粘贴原始单据时从右至左，先粘贴小张的后粘贴大张的，遇单据纸张过大时，可折小后粘贴其一端
4. 本粘贴单文字说明位置可以被粘贴覆盖，如原始单据过多可续张粘贴

票据类型	张数	金额
合计		
备注		

票
据
簿

7-11

借款台账

姓 名	部 门	摘 要	借款金额	借款日期	还款金额	归还日期	余 额

票
据
簿

7-12-1

收　　据

No. 3948562

年　月　日

今收到

交来：

人民币
（大写）

收款单位
（盖章）

佰	拾	万	仟	佰	拾	元	角	分
¥								

□ 转账　□ 现金
□ 支票　□ 其他

① 存根（白）　② 收据（红）　③ 记账（黄）

财务主管　　　　记账　　　　出纳　　　　审核　　　　经办

票 据 簿

收 据

No. 3948562

年　月　日

今收到

交　来：

人民币
（大写）

收款单位
（盖章）

佰　拾　万　仟　佰　拾　元　角　分

¥

□转账　□现金
□支票　□其他

① 存根（白）　② 收据（红）　③ 记账（黄）

财务主管　　记账　　出纳　　审核　　经办

7-12-2

票据簿

7-12-3

收　据

No. 3948562

今收到

交来：

人民币
（大写）

收款单位
（盖章）

佰　拾　万　仟　佰　拾　元　角　分

￥

① 存根（白）　② 收据（红）　③ 记账（黄）

□ 转账　□ 现金
□ 支票　□ 其他

财务主管　　记账　　出纳　　审核　　经办

票据簿

库存现金日记账

B-1

年		凭证		摘要	对方科目	借方										贷方										余额										√
月	日	种类	号数			千	百	十	万	千	百	十	元	角	分	千	百	十	万	千	百	十	元	角	分	千	百	十	万	千	百	十	元	角	分	

票据簿

银行存款日记账

8-2

第_____页

开户银行_____
账　号_____

年		凭证		摘要	对方科目	借方										贷方										余额										√
月	日	种类	号数			千	百	十	万	千	百	十	元	角	分	千	百	十	万	千	百	十	元	角	分	千	百	十	万	千	百	十	元	角	分	

票
据
簿

出纳单据交接表

9-1

日期	编号	付款/收款	摘要	供应商/客户	金额	单据张数
			本日合计:			

合计:

出纳:

票据簿

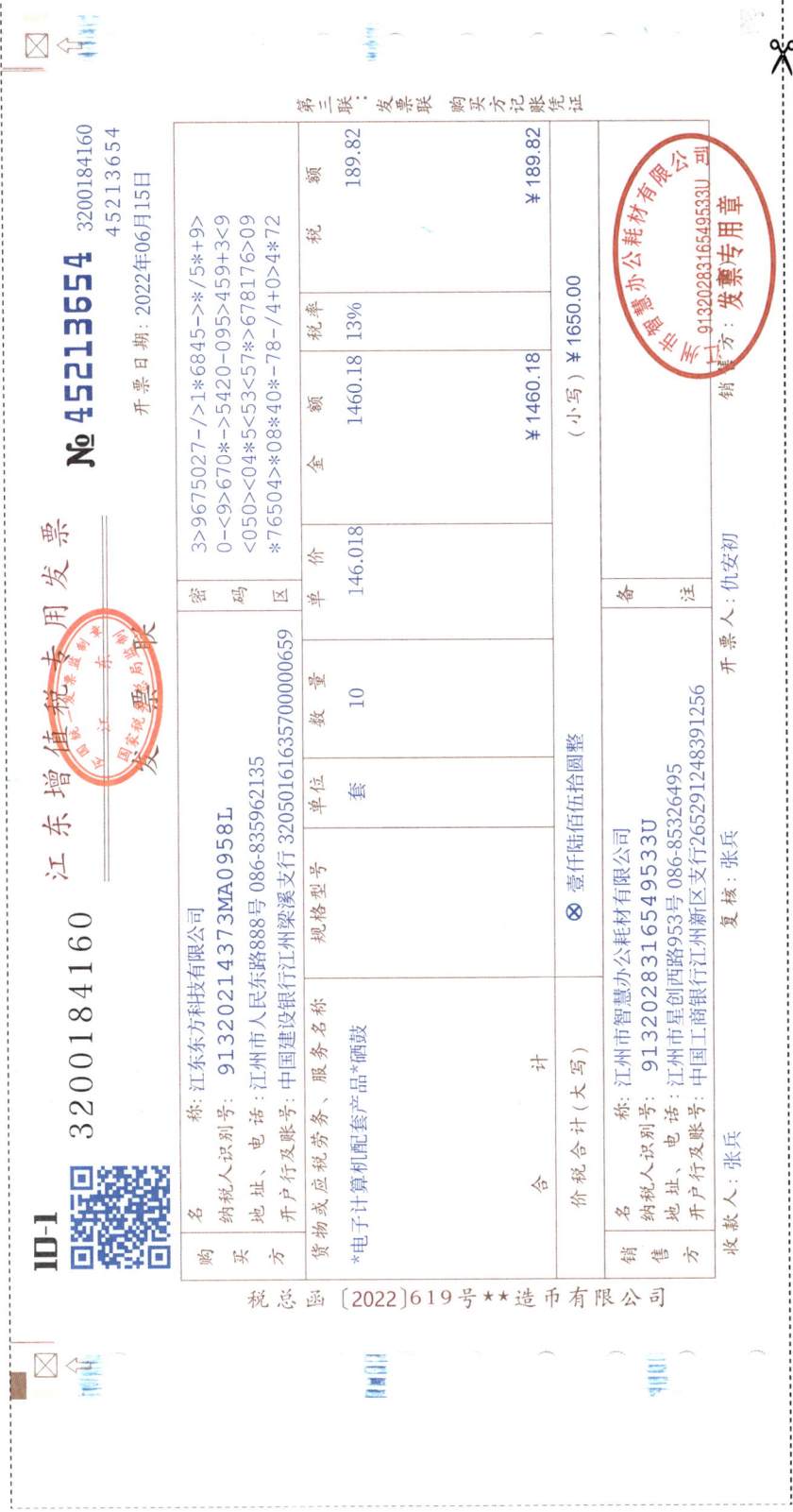

票据簿

票据簿

ID-2

付 款 申 请 单

年 月 日 填

申请部门：

收款单位		付
银行账号		款
开户行		原
付款方式		因
付款截止日		

人民币 （大写）	佰	拾	万	千	佰	拾	元	角	分

领导审批 财务主管 部门主管 经办人

票据簿

票据簿

10-3 转账支票使用登记簿

日 期	购入支票号码	使用支票号码	领用人	金额	用途	备注

票据簿

票
据
簿

1D-4
建设银行
转账支票存根
5010日3528
28293930

附加信息 _____

出票日期 ____ 年 ____ 月 ____ 日

收款人： _____

金 额： _____

用 途： _____

单位主管： _____ 合计：

中国建设银行 China Construction Bank **转账支票**

5010日3528
28293930

出票日期（大写） ____ 年 ____ 月 ____ 日

收款人： _____

付款行名称： _____

出票人账号： _____

人民币
（大写） _____

亿 千 百 十 万 千 百 十 元 角 分

用途 _____

上列款项请从

我账户内支付

出票人签章

密码 _____

行号 _____

复核 _____ 记账

付款期限自出票之日起十天

票据簿

根据《中华人民共和国票据法》等法律法规的规定，签发空头支票由中国人民银行处以票面金额5%但不低于1000元的罚款。

（贴粘单处）

被背书人	被背书人
背书人签章	背书人签章
年　月　日	年　月　日

附加信息：

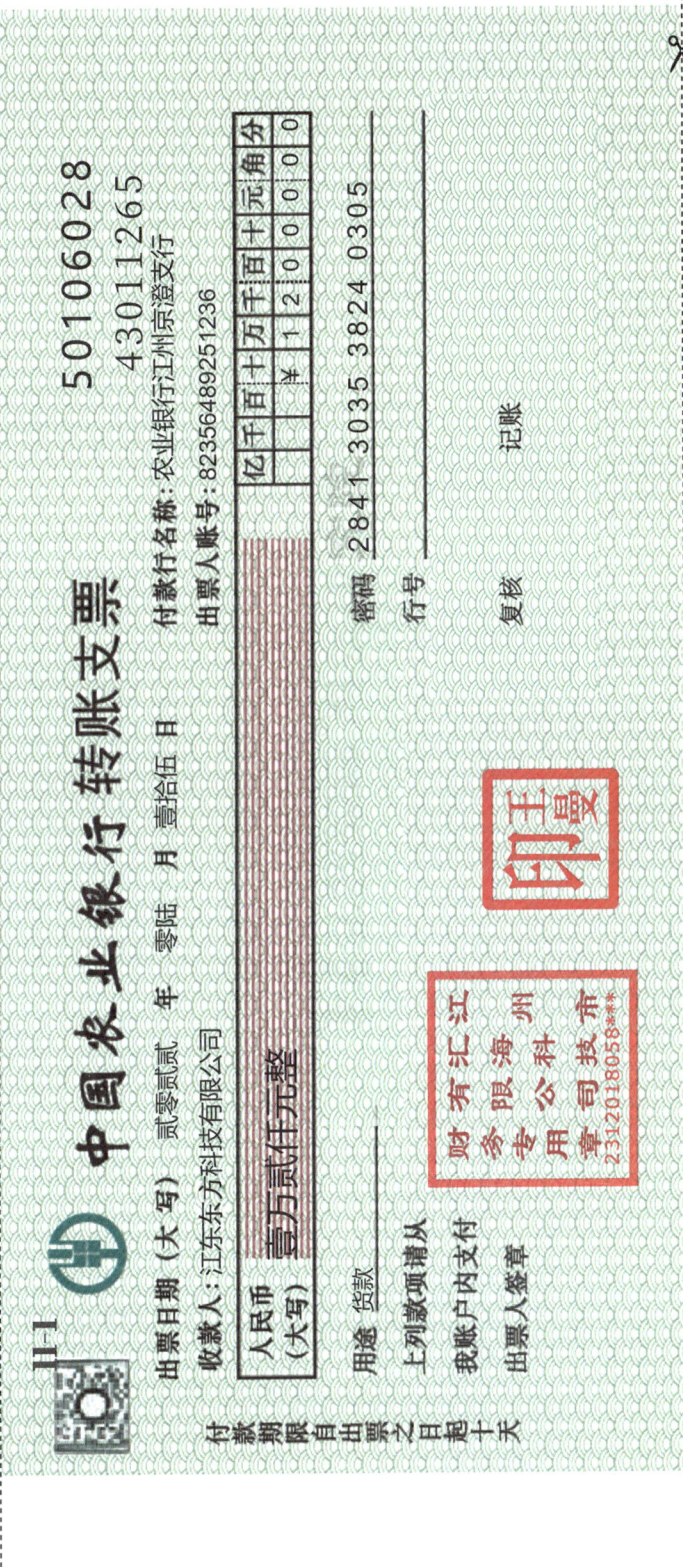

票据簿

（　贴　粘　单　处　）

被背书人	背书人签章 年　月　日
被背书人	背书人签章 年　月　日

附加信息：

11-2-1

中国建设银行进账单（回单）1

年 月 日

出票人	名　称												收款人	名　称											
	账　号													账　号											
	账户银行													账户银行											
金额	人民币 （大写）						亿	千	百	十	万	千	百	十	元	角	分
票据种类			票据张数														
票据号码																		
复核			记账							开户银行签章								

此联是开户银行交给持票人的回单

票据簿

11-2-2

中国建设银行**进账单**（贷方凭证）2

年　月　日

出票人	名　称			收款人	名　称									
	账　号				账　号									
	账户银行				账户银行									
金额	人民币 （大写）					亿	千	百	十	万	千	百	十	元	角	分
票据种类			票据张数											
票据号码														
备注：														

此联是收款人开户银行作贷方凭证

复核　　　　　记账

票据簿

11-2-3

中国建设银行进账单（收账通知）3

年　月　日

出票人	名　称												收款人	名　称											
	账　号													账　号											
	账户银行													账户银行											
金额	人民币 （大写）					亿	千	百	十	万	千	百	十	元	角	分									
票据种类			票据张数																					
票据号码																									

此联是收款人开户银行交给收款人的收账通知

复核　　　　　　　　　记账　　　　　　　　　收款人开户银行签章

票据簿

12-1

付 款 申 请 单

申请部门：采购部　　　　2022 年 06 月 15 日填

收 款 单 位	江苏行知科技有限公司	付 款 原 因	支付货款
银 行 账 号	320801618419000037B1		
开 户 行	中国建设银行江州新区支行		
付 款 方 式	承兑汇票		
付款截止日			
人民币（大写）	⊗佰壹拾零零万零仟零佰零拾零元零角零分		⊗ 100,000.00

领导审批 林海涛　　财务主管 张咏梅　　部门主管 刘伟　　经办人 张磊

票据簿

12-2

付 款 申 请 单

申请部门：采购部　　　　2022 年 06 月 15 日 填

收款单位	江苏东方科技有限公司		付 款 原 因	得入承兑汇票保证金
银行账号	3205016451523000000458			
开户行	中国建设银行江州梁溪支行			
付款方式	转账支票			
付款截止日				
人民币（大写）	⊗佰⊗拾伍万零仟零佰零拾零元零角零分			￥ 50,000.00

领导审批　林海涛　　　财务主管　张咏梅　　　部门主管　张咏梅　　　经办人　方芳

票据簿

12-3

银行承兑协议

编号：65958462

银行承兑汇票内容：

出票人全称：江东东方科技有限公司　　收款人全称：江东行知科技有限公司

开户银行：中国建设银行江州梁溪支行　　开户银行：中国建设银行江州新区支行

账号：32050161635700000659　　　　　账号：32050161841900003781

出票日期：2022 年 06 月 15 日

汇票号码与金额：

序号	汇票号码	汇票金额（大写）	汇票到期日期
1	30852980	壹拾万元整	2022 年 12 月 15 日

汇票金额合计（大写）：　壹拾万元整

　　以上汇票经银行承兑，出票人及承兑银行愿遵守《支付结算办法》的规定及下列条款：

　　一、出票人于汇票到期日前将应付票款足额交存承兑银行，到期由银行直接划付收款人或持票人。

　　二、承兑手续费按票面金额万分之（0.5）计算，在银行承兑时一次付清。

　　三、出票人与持票人如发生任何交易纠纷，均由其双方自行处理，不影响本协议的履行。

　　四、承兑汇票到期日，承兑银行凭票无条件支付票款。汇票到期日届至出票人不能足额交付票款银行发生垫款的，承兑银行对不足支付部分的票款，按照《支付结算办法》的规定每天计收万分之一的利息。

　　五、对本协议项下的承兑金额及费用，由出票人向承兑银行于　2022　年　06 月 15 日，交付币种为　人民币　，金额为　伍　万元的保证金，承兑期间出票人不得支用保证金，汇票到期后出票人不能足额交存票款的，承兑银行有权直接从保证金账户或从出票人在本行开立的任何账户中扣款用于充抵票款。

　　六、出票人足额付清承兑汇票票款后或出票人还清承兑银行垫款本息后，本协议自动失效。

出票人（签章）　　　　　承兑银行（签章）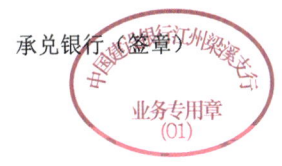

订立承兑协议日期 2022 年 06 月 15 日

票据簿

票
据
簿

12-4

转账支票使用登记簿

日　期	购入支票号码	使用支票号码	领用人	金额	用途	备注

票据簿

中国建设银行 China Construction Bank

转账支票

50103528
28293931

出票日期（大写）　　年　　月　　日

收款人：

付款行名称：

出票人账号：

人民币
（大写）

亿千百十万千百十元角分

用途

密码

上列款项请从

行号

我账户内支付

复核　　　　记账

出票人签章

付款期限自出票之日起十天

12-5
建设银行
转账支票存根

50103528
28293931

附加信息

出票日期　　年　　月　　日

收款人：

金　额：

用　途：

单位主管：　　合计：

票
据
簿

根据《中华人民共和国

票据法》等法律法规的规定，

签发空头支票由中国人民银

行处以票面金额 5% 但不低

于1000元的罚款。

（ 贴　粘　单　处 ）

被背书人		被背书人
背书人签章		背书人签章
年　月　日		年　月　日

附加信息：

12-6-1

银行承兑汇票（卡片）

30106302
30852980

1

出票日期
（大写） 年 月 日

出票人全称											
出票人账号											
付款行名称											
出票金额	人民币（大写）			亿	千	百	十	万	千	百	十	元	角	分
汇票到期日（大写）											
承兑协议编号											

收款人	全 称		此联承兑行留存备查
	账 号		
	开户银行		
付款行	行 号		到期付款时作借方凭证附件
	行 地 址		

	您押		

备注：

出票人签章

复核 记账

本汇票请你行承兑，此项汇票款我单位如被承兑协议于到期前足额交存你行，到期请予支付。

（贴　粘　单　处）

被背书人	背书人签章 年　月　日
被背书人	背书人签章 年　月　日
被背书人	背书人签章 年　月　日

票据簿

12-6-2

银行承兑汇票

30106302
30852980

2

出票日期 （大写）　　　年　　月　　日

出票人全称												
出票人账号												
付款行名称												
出票金额	人民币（大写）				亿	千	百	十	万	千	百	十	元	角	分
汇票到期日（大写）												
承兑协议编号												

收款人	全称		
	账号		
	开户银行		

| 付款行 | 行号 | |
| | 地址 | |

此联收款人开户行凭托收凭证寄付款行作借方凭证附件

本汇票请你行承兑，到期无条件付款

本汇票已经承兑，到期日由本行付款。　承兑行签章

承兑日期：　　年　　月　　日

密押

备注：

出票人签章

复核　　　记账

票据簿

（贴　粘　单　处）

被背书人	背书人签章 年　月　日
被背书人	背书人签章 年　月　日
被背书人	背书人签章 年　月　日

12-6-3

银行承兑汇票（存根） 3

30106302
30852980

出票日期
（大写） 年 月 日

此联由出票人保查

收款人	全 称	
	账 号	
	开户银行	

亿千百十万千百十元角分

出票人全称	
出票人账号	
付款行名称	
出票金额	人民币（大写）
汇票到期日（大写）	
承兑协议编号	

| 付款行 | 行号 | |
| | 行地址 | |

密押

备注：

复核 记账

票据簿

（贴　粘　单　处）

被背书人	被背书人	被背书人
背书人签章 年　月　日	背书人签章 年　月　日	背书人签章 年　月　日

13-1

银行承兑汇票

出票日期（大写）贰零贰贰 年 壹拾贰 月 壹拾伍 日

No. 30106478
90883465

2

出票人全称	江州市汇海科技有限公司	收款人 全称 江东东方科技有限公司
出票人账号	8235648925236	账号 32050161635700000659
付款行名称	农业银行江州京澄支行	开户银行 中国建设银行江州梁溪支行

出票金额 人民币（大写）贰拾万元整

亿千百十万千百十元角分
￥ 2 0 0 0 0 0 0

汇票到期日（大写）贰零贰贰年零陆月壹拾伍日

付款行 行号 31430400010
付款行 地址 江州市锡惠路9号

承兑协议编号 305841

本汇票请你行承兑，到期无条件付款
出票人签章

江州市汇海科技有限公司
财务专用章
公司专用章***
23120180.58***

本汇票已经承兑，到期日由
本行付款。
承兑日期 2021 年 12 月 15 日
承兑银行签章

李华

密押

（密押）：87400

备注：

复核　记账

此联收款人开户行随委托收款凭证寄付款行作附件

票据簿

（贴　粘　单　处）

被背书人	背书人签章 年　月　日
被背书人	背书人签章 年　月　日

13-2-1

托收凭证（受理回单）

委托日期　年　月　日

1

此联作收款人开户银行给收款人的受理回单

业务类型	委托收款（□邮划、□电划）　　托收承付（□邮划、□电划）														
付款人	全称														
	账号														
	地址	省　　　市县　　　开户行		收款人	全称										
					账号										
					地址	省　　　市县　　　开户行									
金额	人民币（大写）				亿	千	百	十	万	千	百	十	元	角	分
款项内容		托收凭据名称			附寄单证张数										
商品发运情况		款项收妥日期			合同名称号码										
备注：															
						年　月　日		收款人开户银行签章							
复核		记账													

(2006) 10×17.5公分

票据簿

票　据　簿

13-2-2

托收凭证（贷方凭证）

委托日期 _____ 年 ____ 月 ____ 日

2

业务类型	委托收款（□邮划、□电划）	托收承付（□邮划、□电划）		此联收款人开户银行作贷方凭证

付款人	全称		收款人	全称	
	账号			账号	
	地址	省 市县 开户行		地址	省 市县 开户行

金额	人民币（大写）			亿 千 百 十 万 千 百 十 元 角 分

款项内容		托收凭据名称		附寄单证张数	

商品发运情况		合同名称号码	

备注：

上列款项随附有关债务证明，请予办理。

收款人签章

收款人开户银行收到日期： ____ 年 ____ 月 ____ 日

复核　　　　记账

（2006）10×17.5公分

票据簿

13-2-3

托收凭证（借方凭证）

委托日期 年 月 日

此联付款人开户银行作借方凭证

付款期限 ③ 年 月 日

业务类型	委托收款（□邮划、□电划）		托收承付（□邮划、□电划）		
付款人	全称		收款人	全称	
	账号			账号	
	地址	省 市县 开户行		地址	省 市县 开户行
金额	人民币（大写）				亿 千 百 十 万 千 百 十 元 角 分
款项内容		托收凭据名称		附寄单证张数	
商品发运情况		合同名称号码			
备注：		收款人开户银行签章 年 月 日			

收款人开户银行收到日期： 年 月 日

复核 记账

（2006）10X17.5公分

票
据
簿

13-2-4

托收凭证 委托收款（汇款依据或收账通知）

委托日期　　年　月　日　　托收承付（□邮划、□电划）　　付款期限　　4　年　月　日

此联付款人开户行凭以汇款或收款人开户银行作收账通知

业务类型	委托收款（□邮划、□电划）			
付款人	全称		收款人	全称
	账号			账号
	地址			地址
	省　市　开户行　县			省　市　开户行　县
金额	人民币（大写）		亿千百十万千百十元角分	
款项内容		托收凭据名称		合同名称号码
商品发运情况			附寄单证张数	
备注：				

上列款项已划回收入你方账户内。

收款人开户银行签章
　　年　　月　　日

复核　　　　记账

(2006) 10×17.5公分

票据簿

票据簿

13-2-5

托收凭证（付款通知）

业务类型	委托收款（□邮划，□电划）		托收承付（□邮划，□电划）		
		委托日期　年　月　日		付款期限　年　月　日	

付款人

	全称		收款人	全称	
	账号			账号	
	地址	省　市县　开户行		地址	省　市县　开户行

金额（大写）	人民币			亿千百十万千百十元角分

款项内容		托收凭据名称		合同名称号码		附寄单证张数	

商品发运情况

备注：

付款人开户银行收到日期：年　月　日

复核　　记账

付款人开户银行签章　年　月　日

此联付款人开户银行给付款人按期付款通知

付款人注意：
1.根据支付结算方法，上列委托收款（托收承付）款项在付款期限内未提出拒付，即视为同意付款，以此代付款通知。
2.如需提出全部或部分拒付，应在规定期限内，将拒付理由书并附偿付证明退交开户银行。

（2006）10×17.5公分

票据簿

14-1

3200184160

江东增值税专用发票

No 65263214

3200184160
65263214

开票日期：2022年06月15日

购买方	名　　称：江东东方科技有限公司 纳税人识别号：91320214373MA0958L 地　　址、电话：江州市人民东路888号 086-83596213S 开户行及账号：中国建设银行江州梁溪支行 32050161635700000659

密码区：3>9675027-/>1*6845->*/5*+9>
0-<9>670*->5420-095>459+3<9
<050><04*5<53<57*>67817S>09
*76504>*08*40-*78-/4+0>4*72

货物或应税劳务、服务名称	规格型号	单位	数量	单价	金额	税率	税额
*电子计算机*电脑		台	20	3097.3451	61946.90	13%	8053.10
合　计					￥61946.90		￥8053.10

价税合计（大写）　⊗柒万圆整　　（小写）￥70000.00

销售方	名　　称：江州大路商贸有限公司 纳税人识别号：91320283948561271L 地　　址、电话：江州市建东路168号 086-83156952 开户行及账号：中国银行江州建东路支行 265291248391256S6985	备注

收款人：周文　　复核：周文　　开票人：吴冰　　销售方：（章）

江州大路商贸有限公司
91320283948561271L
发票专用章

税总函〔2022〕619号★★造币有限公司

票据簿

14-2

银行承兑汇票

出票日期 贰零贰贰 年 零叁 月 贰拾捌 日
（大写）

30106435
60542753

2

出票人全称	江州蓝天电子科技有限公司	收款人	全称	江东东方科技有限公司								
出票人账号	3205016163920000000357		账号	8235649362357								
付款行名称	中国建设银行江州新区支行		开户银行	农业银行江州京澄支行								
出票金额	人民币（大写）柒万元整				亿	千百十万千百十元角分						
						¥ 7 0 0 0 0 0 0						
汇票到期日	贰零贰贰年零玖月壹拾捌日	付款行	付行号	30200006540								
承兑协议编号	305841		地址	江州市长江北路90号								

本汇票已经本行承兑，到期无条件付款。

出票人签章
天康印嘯

财务专用章
本汇票请妥收兑，到期无条件付款
江州博海科技有限公司
2312018058***

备注承兑专用章
本汇票已经本行承兑，本行付款。
江东东方科技有限公司
302 承兑专用章

承兑日期 2022 年03 月 28 日

密押

潘云

复核

记账

票据簿

（粘　贴　单　处）

被背书人 江东东方科技有限公司

被背书人 江东理想科技有限公司

财务专用章
江东东方科技有限公司
2312018058***

财务专用章
江东理想科技有限公司
2312018058***

能印 吴万

印李波

背书人签章

2022 年 05 月 13 日

背书人签章

2022 年 04 月 20 日

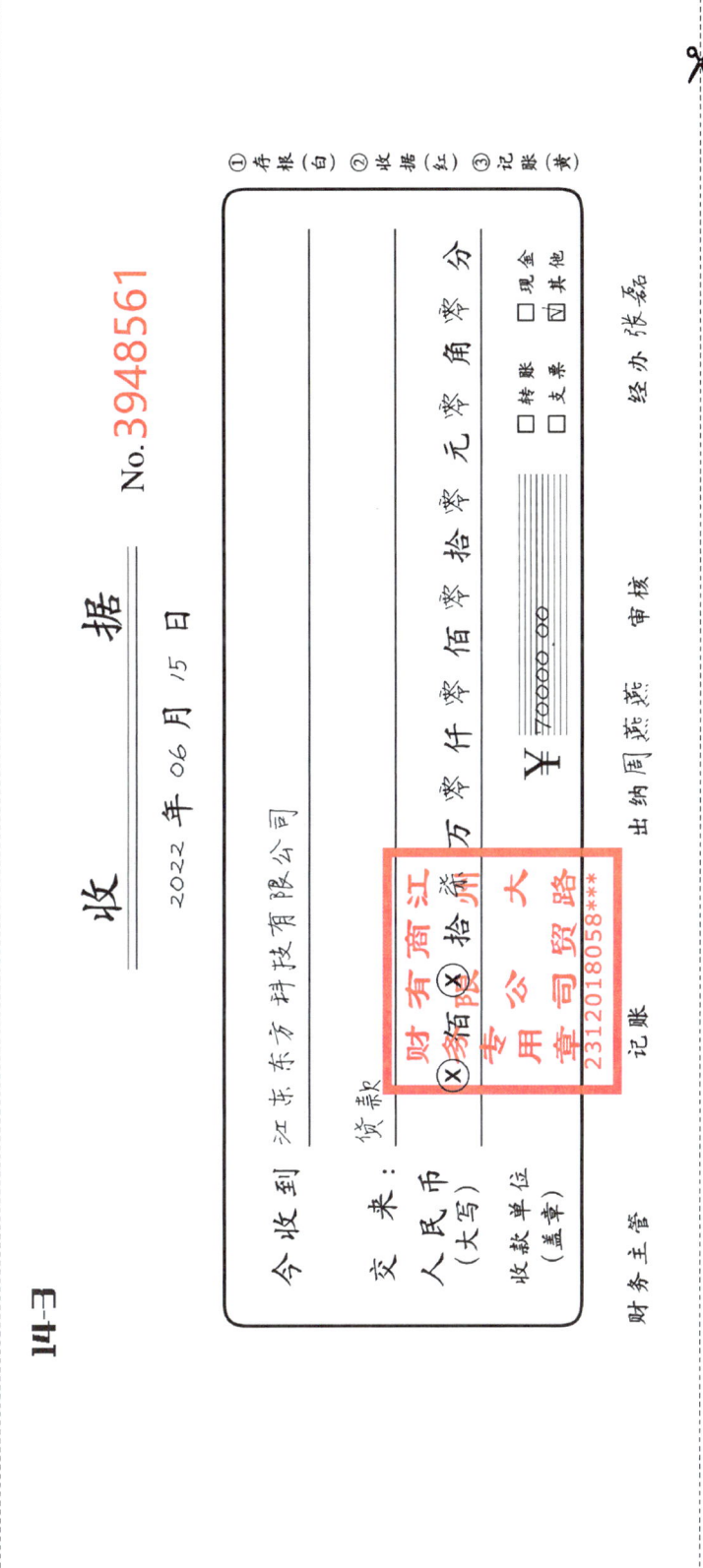

14-3

收　据

No.3948561

2022 年 06 月 15 日

今 收 到　江苏东方科技有限公司

交　来：

付款

人民币
（大写）　人 壹 万 零 仟 零 佰 零 拾 零 元 零 角 零 分

　　　　　　　　　¥ 70000.00

收款单位
（盖章）

财务主管　　　　　出纳 周燕燕　　审核

记账

① 存根（白）　② 收据（红）　③ 记账（黄）

□ 转账　□ 现金
□ 支票　☑ 其他

经办 张秀丽

票据簿

14-4

付 款 申 请 单

申请部门：

年　月　日填

收款单位		付款原因
银行账号		
开户行		
付款方式		
付款截止日		
人民币（大写）	佰 拾 万 仟 佰 拾 元 角 分	大

领导审批　　　　财务主管　　　　部门主管　　　　经办人

票据簿

14-5

粘　单

被背书人

背书人签章
年　月　日

被背书人

背书人签章
年　月　日

票据簿

15-1

库存现金日记账

第_____页

年		凭证		摘要	对方科目	借方										贷方										余额										√
月	日	种类	号数			十	百	十	万	千	百	十	元	角	分	百	十	万	千	百	十	元	角	分	十	百	十	万	千	百	十	元	角	分	

票
据
簿

银行存款日记账

15-2

开户银行 _____

账 号 _____

第 ____ 页

年		凭 证		摘 要	对方科目	借 方											贷 方											余 额											√
月	日	种类	号数			千	百	十	万	千	百	十	元	角	分	千	百	十	万	千	百	十	元	角	分	千	百	十	万	千	百	十	元	角	分	

票
据
簿

出纳单据交接表

16-1

日期	编号	付款/收款	摘要	供应商/客户	金额	单据张数
			本日合计：			

出纳：

合计：

票据簿

1B-1

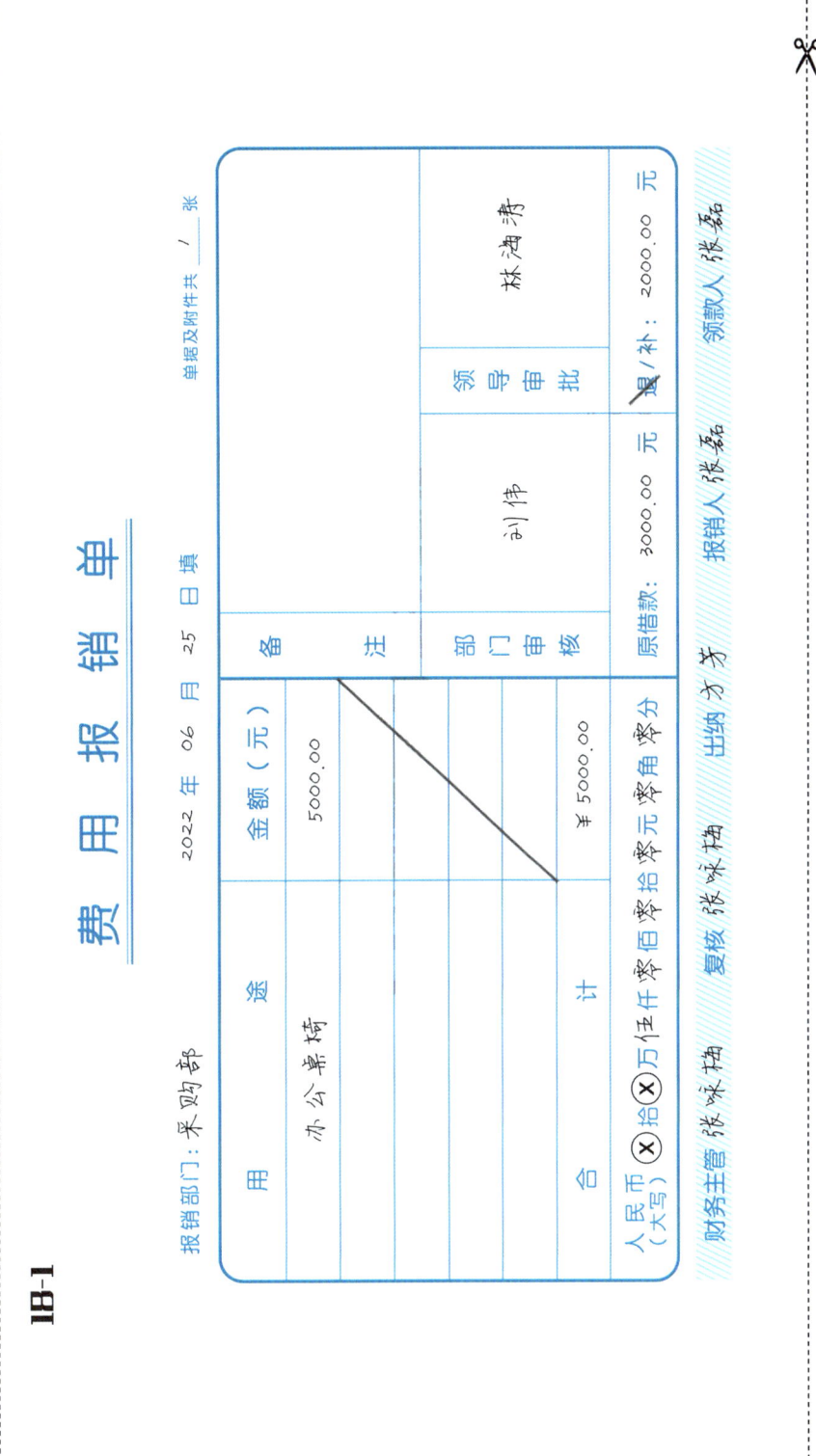

费 用 报 销 单

报销部门：采购部

2022 年 06 月 25 日 填

单据及附件共　1　张

用　途	金额（元）	备　注	
办公桌椅	5000.00		
		部门审核	刘伟
		领导审批	林海涛
合　计	￥5000.00		

人民币（大写）⊗拾⊗万伍仟零佰零拾零元零角零分

原借款：3000.00 元　　退/补：2000.00 元

财务主管 张咏梅　　复核 张咏梅　　出纳 方芳　　报销人 张晓亮　　领款人 张晓亮

票据簿

票据簿

1B-2

机器编号：49909960269

江东增值税电子普通发票

发票代码：33001800211
发票号码：53986161
开票日期：2022年06月20日
校验码：04140 11955 21145 03819

购买方	名　称：江东东方科技有限公司 纳税人识别号：91320214373MA0958L 地　址、电　话：江州市人民东路888号 086-835962135 开户行及账号：中国建设银行江州梁溪支行 3205016163570000659

货物或应税劳务、服务名称	规格型号	单位	数量	单价	金额	税率	税额
*家具*办公桌椅		套	1	4424.779	4424.78	13%	575.22
合　计					￥4424.78		￥575.22

价税合计（大写）	⊗ 伍仟元整	（小写）￥5000.00

密码区：
*3*8<7+/3>3/06+94381*<4-1*>7->2/6097
349/4>7+93>47138-5767<-3>6/53*7<76/05
+>5*276+8*<-4*5>8*7*+1203+7<-1-+4+
75-8-821>*13<898609-6</>9232<563/47-1

销售方	名　称：江东舒尔特家居厂 纳税人识别号：91319120750826288 地　址、电　话：江州市新区金钱公路288号 025-87128588 开户行及账号：中国工商银行股份有限公司江州市新区支行 47546107821

备注：

收款人：冯捷　　　复核：王丹凤　　　开票人：崔小雪　　　销售方：（章）

票据簿

18-3

借款台账

姓 名	部 门	摘 要	借款金额	借款日期	还款金额	归还日期	余 额

票
据
簿

票据簿

19-1

付 款 申 请 单

申请部门：采购部　　　　　2022 年 06 月 25 日填

收款单位	江州市智慧办公耗材有限公司	付款原因	支付货款
银行账号	265291248391256		
开户行	中国工商银行江州新区支行		
付款方式	银行转账		
付款截止日			
人民币（大写）	⊗佰⊗拾⊗万叁仟叁佰⊗拾⊗元⊗角⊗分		￥3,300.00

领导审批 林海涛　　财务主管 陈咏梅　　部门主管 刘伟　　经办人 张磊

票据簿

票据簿

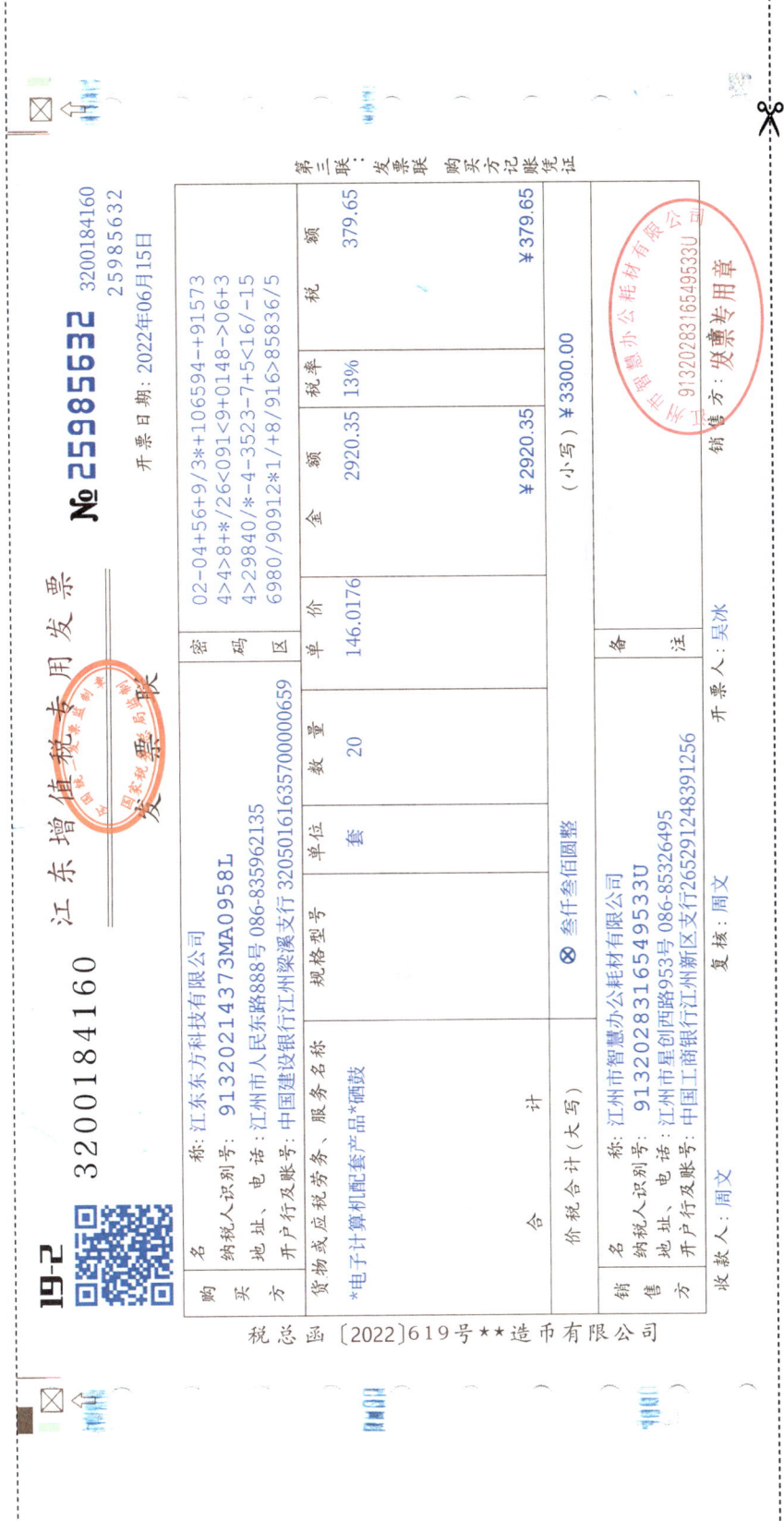

19-2

3200184160

江东增值税专用发票

№ 25985632

3200184160
25985632

开票日期：2022年06月15日

购买方	名称：江东东方科技有限公司
	纳税人识别号：91320214373MA0958L
	地址、电话：江州市人民东路888号 086-835962135
	开户行及账号：中国建设银行江州溪溪支行 3205016357000000659

货物或应税劳务、服务名称	规格型号	单位	数量	单价	金额	税率	税额
*电子计算机配套产品*晒鼓		套	20	146.0176	2920.35	13%	379.65
合计					¥2920.35		¥379.65

密码区：
02−04+56+9/3*+106594−+91573
4>4>8+*/26<091<9+0148−>06+3
4>29840/*−4−3523−7+5<16/−15
6980/90912*1/+8/916>85836/5

价税合计（大写）⊗叁仟叁佰圆整　（小写）¥3300.00

销售方	名称：江州市智慧办公耗材有限公司
	纳税人识别号：91320283165495 33U
	地址、电话：江州市星创西路953号 086-85326495
	开户行及账号：中国工商银行江州新区支行26529124839 1256

备注：吴冰

收款人：周文　　复核：周文　　开票人：吴冰

税总函〔2022〕619号★★造币有限公司

第三联 发票联 购买方记账凭证

销售方：（章）
江州市智慧办公耗材有限公司
91320283165495 33U
发票专用章

票据簿

工 资 表

2022 年 05 月

20-1

| 部门 | 姓名 | 基本工资 | 满勤奖 | 加班 | 应发工资 | 应扣个人缴纳保险 | | | | | 税前合计 | 专项附加扣除 | 个人所得税 | 实发金额 |
						养老保险8%	医疗保险2%	失业保险0.5%	住房公积金8%	合计				
总经办	林海涛	15000.00	200.00		15200.00	1216.00	304.00	76.00	1216.00	2812.00	12388.00	3000.00	131.64	12256.36
	陈果	13000.00	200.00		13200.00	1056.00	264.00	66.00	1056.00	2442.00	10758.00	1000.00	142.74	10615.26
财务部	张咏梅	8000.00	200.00	400.00	8600.00	688.00	172.00	43.00	688.00	1591.00	7009.00	1000.00	30.27	6978.73
	方芳	4000.00	200.00	200.00	4400.00	352.00	88.00	22.00	352.00	814.00	3586.00	400.00	0.00	3586.00
采购部	刘伟	8500.00	200.00	400.00	9100.00	728.00	182.00	45.50	728.00	1683.50	7416.50	1000.00	42.49	7374.01
	张磊	4500.00	200.00	200.00	4900.00	392.00	98.00	24.50	392.00	906.50	3993.50	0.00	0.00	3993.50
销售部	李大强	10000.00	200.00		10200.00	816.00	204.00	51.00	816.00	1887.00	8313.00	2000.00	39.39	8273.61
	高建	5000.00	200.00		5200.00	416.00	104.00	26.00	416.00	962.00	4238.00	0.00	0.00	4238.00
仓库	王倩	4000.00	200.00	200.00	4400.00	352.00	88.00	22.00	352.00	814.00	3586.00	0.00	0.00	3586.00
合 计		72000.00	1800.00	1400.00	75200.00	6016.00	1504.00	376.00	6016.00	13912.00	61288.00	8400.00	386.53	60901.47

票据簿

银行存款日记账

开户银行———
账号———
第———页

21-1

年		凭证		摘要	对方科目	借方										贷方										余额										√
月	日	种类	号数			千	百	十	万	千	百	十	元	角	分	千	百	十	万	千	百	十	元	角	分	千	百	十	万	千	百	十	元	角	分	

票据簿

出纳单据交接表

22-1

日期	编号	付款/收款	摘要	供应商/客户	金额	单据张数
		本日合计:				

合计:　　　　　　　　　　　　　　　　　出纳:

票据簿

票据簿

库存现金盘点表

23-1

盘点日期：　　年　　月　　日

项目	项次	人民币
账面库存余额	1	
盘点日未记账凭证收入小计	2	
盘点日未记账凭证支出小计	3	
盘点日账面应有金额	4=1+2-3	
盘点日应有现金数额	5	
盘点日应有与实有差异	6=4-5	

差异原因分析：

处理意见：

盘点人：　　　　　　　　　　　监盘人：　　　　　　　　　　　核准人：

票据簿

24-1

中国建设银行 China Construction Bank

中国建设银行单位客户专用回单

币别：人民币　　　　　　　　　　2022年06月02日　　　　流水号：3206151 3626FPZ430J01

（借方回单）

（付款人回单）

本回单可通过网点自助设备或建行网站校验真伪

付款人	全称	江东东方科技有限公司	收款人	全称	
	账号	32050161635700000659		账号	
	开户行	中国建设银行江州梁溪支行		开户行	
金额		（大写）人民币壹万圆整			（小写）￥10,000.00
凭证种类			凭证号码		10147204 7867
结算方式		取款	用途		备用金

打印柜员：3206604 5001

打印机构：江州梁溪支行

打印卡号：32050161635700000659

交易机构：320001450

交易柜员：320001450D36

打印时间：2022-07-01 11:07:40

票据簿

24-2

中国建设银行
China Construction Bank

中国建设银行单位客户专用回单

币别: 人民币　　　　　　　　　　　　　　2022年06月25日　　　　　流水号: 32061513626FPZ430J02

付款人	全　称	方芳	收款人	全　称	江东东方科技有限公司
	账　号			账　号	32050161635700000659
	开户行			开户行	中国建设银行江州梁溪支行
金额	（大写）人民币伍仟玖佰捌拾圆整				（小写）￥5,980.00
凭证种类			凭证号码	10147204786	
结算方式			用途	存款	

打印柜员: 3206045001

打印机构: 江州梁溪支行

打印卡号: 32050161635700000659

交易机构: 320001450

交易柜员: 320001450D36

打印时间: 2022-07-01 11:07:40

票据簿

24-3

中国建设银行 China Construction Bank

中国建设银行单位客户专用回单

币别：人民币　　2022年06月15日　　流水号：320615136Z6FPZ430J03

付款人	全称	江东东方科技有限公司	收款人	全称	江州市智慧办公耗材有限公司
	账号	32050161635700000659		账号	265291248391256
	开户行	中国建设银行江州梁溪支行		开户行	中国工商银行江州新区支行
金额	（大写）人民币壹仟陆佰伍拾圆整			（小写）￥1,650.00	
凭证种类	电子转账凭证		凭证号码	3206045001	
结算方式	转账		用途	支付货款	

打印柜员：3206045001
打印机构：江州梁溪支行
打印卡号：32050161635700000659

交易机构：320001450
交易柜员：320001450D36

打印时间：2022-07-01 11:07:40

票据簿

24-4

中国建设银行 China Construction Bank

中国建设银行单位客户专用回单

币别：人民币

2022年06月15日

流水号：3206151 3626FPZ430J04

（贷方回单）

本回单可通过网点自助设备或建行网站校验真伪

（收款人回单）

付款人	全 称	江州市汇海科技有限公司	收款人	全 称	江东东方科技有限公司
	账 号	8235648925123 6		账 号	3205016357000000659
	开户行	农业银行江州京澄支行		开户行	中国建设银行江州梁溪支行
金 额	（大写）人民币壹万贰仟圆整			（小写）￥12,000.00	
凭证种类	电子转账凭证		凭证号码	10147204787 0	
结算方式	转账		用 途	收到货款	

打印柜员：3206045001
打印机构：江州梁溪支行
打印卡号：3205016357000000659

交易机构：320001450

打印时间：2022-07-01 11:07:40

交易柜员：320001450D36

中国建设银行电子回单专用章
3205016357000000659

票据簿

票据簿

24-5

中国建设银行
China Construction Bank

中国建设银行单位客户专用回单

币别: 人民币　　　　　　　　　　2022年06月15日　　　　　　　　　　流水号:32061513626FPZ430J05

付款人	全　称	江东东方科技有限公司	收款人	全　称	江东东方科技有限公司
	账　号	32050161635700000659		账　号	32050164515230000458
	开户行	中国建设银行江州梁溪支行		开户行	中国建设银行江州梁溪支行
金额		（大写）人民币伍万圆整			（小写）￥50,000.00
凭证种类		电子转账凭证	凭证号码		10147204787
结算方式		转账	用途		支付承兑汇票保证金

（印章：中国建设银行 电子回单专用章）

打印柜员: 3206045001
打印机构: 江州梁溪支行
打印卡号: 32050161635700000659

交易机构: 320001450

交易柜员: 320001450D36

打印时间: 2022-07-01 11:07:40

票据簿

24-6

中国建设银行
China Construction Bank

中国建设银行单位客户专用回单

流水号：32061513626FPZ430J06

2022年06月15日

币别：人民币

	全称	江州市汇海科技有限公司		全称	江东东方科技有限公司
付款人	账号	8235648925236	收款人	账号	32050161635700000659
	开户行	农业银行江州锡惠支行		开户行	中国建设银行江州梁溪支行
金额	（大写）人民币贰拾万圆整				（小写）￥200,000.00
凭证种类	银行承兑汇票		凭证号码		10147047872
结算方式	汇票		用途		汇票到期

打印柜员：3206045001
打印机构：江州梁溪支行
打印卡号：32050161635700000659

交易柜员：320001450D36

交易机构：320001450

打印时间：2022-07-01 11:07:40

本回单可通过网点自助设备或建行网站校验真伪

（贷方回单）

（收款人回单）

票据簿

24-7

中国建设银行
China Construction Bank

币别: 人民币

中国建设银行单位客户专用回单

2022年06月25日

流水号: 3206151362SFPZ430J07

（贷方回单）

（收款人回单）

本回单可通过网点自助设备或建行网站校验真伪

付款人	全 称	江州市红米米有限公司	收款人	全 称	江东东方科技有限公司
	账 号	32050161239080000346		账 号	32050161635700000659
	开户行	中国建设银行江州崇安支行		开户行	中国建设银行江州梁溪支行
金 额	（大写）人民币壹万伍仟圆整				（小写）¥15,000.00
凭证种类	电子转账凭证		凭证号码		10147204787 3
结算方式	转账		用 途		收到货款

（中国建设银行 电子回单专用章 32050161635700000659）

打印柜员: 3206045001
打印机构: 江州梁溪支行
打印卡号: 32050161635700000659

交易柜员: 3200Q1450d36

交易机构: 3200Q1450

打印时间: 2022-07-01 11:07:40

票
据
簿

24-8

中国建设银行
China Construction Bank

中国建设银行单位客户专用回单

币别: 人民币

2022年06月25日

流水号:3206513626FPZ430J08

（借方回单）

（付款人回单）

本回单可通过网点自助设备或建行网站校验真伪

付款人	全称	江东东方科技有限公司		收款人	全称	张磊
	账号	3205016163570000000659			账号	6217401280010355815
	开户行	中国建设银行江州梁溪支行			开户行	中国建设银行
金额		（大写）人民币贰仟圆整				（小写）￥2,000.00
凭证种类		电子转账凭证		凭证号码		1014720478741
结算方式		转账		用途		费用报销

打印柜员: 3206045001

打印机构: 江州梁溪支行

打印卡号: 3205016163570000000659

交易柜员:320001450D36

交易机构: 320001450

打印时间: 2022-07-01 11:07:40

票据簿

24-9

中国建设银行
China Construction Bank

中国建设银行单位客户专用回单

流水号:3206151362 6FPZ430J09

币别:人民币　　　　　　　2022年06月25日

（借方回单）

（付款人回单）

本回单可通过网点自助设备或建行网站校验真伪

付款人	全　称	江东东方科技有限公司	收款人	全　称	江州市智慧办公耗材有限公司
	账　号	32050161635700000659		账　号	2652912483 91256
	开户行	中国建设银行江州梁溪支行		开户行	中国工商银行江州新区支行
金　额		（大写）人民币叁仟叁佰圆整			（小写）¥3,300.00
凭证种类		电子转账凭证	凭证号码		10147204 7875
结算方式		转账	用　途		支付货款

打印柜员：32066045001
打印机构：江州梁溪支行
打印卡号：32050161635700000659

交易机构：320001450

交易柜员:320001450D36

打印时间：2022-07-01 11:07:40

票据簿

24-10

中国建设银行
China Construction Bank

中国建设银行单位客户专用回单

2022年06月25日

流水号：3206153626FPZ430J10

币别：人民币

付款人	全　称	江东东方科技有限公司	收款人	全　称	个人/单位存款	（借方回单）
	账　号	32050161635700000659		账　号		
	开户行	中国建设银行江洲梁溪支行		开户行		
金　额	（大写）人民币陆万零玖佰零壹元肆角柒分				（小写）￥60,901.47	（付款人回单）
凭证种类	电子转账凭证		凭证号码		10147204876	
结算方式	转账		用　途		代发工资	

打印柜员：3206045001
打印机构：江洲梁溪支行
打印卡号：32050161635700000659

交易柜员：32000145D36

交易机构：32000145D

打印时间：2022-07-01 11:07:40

本回单可通过网点自助设备或建行网站校验真伪

票据簿

票据簿

24-11

中国建设银行
China Construction Bank

中国建设银行单位客户专用回单

流水号:32061513626FPZ430J11

2022年06月15日

币别:人民币

付款人	全称	江东东方科技有限公司		收款人	全称	江东东方科技有限公司
	账号	3205016357000000659			账号	32050164515230000458
	开户行	中国建设银行江州梁溪支行			开户行	中国建设银行江州梁溪支行
	金额	(大写)人民币伍万圆整				(小写)￥50,000.00
	凭证种类	电子转账凭证			凭证号码	10147350564
	结算方式	转账			用途	支付承兑汇票保证金

打印柜员:32066045001
打印机构:江州梁溪支行
打印卡号:3205016357000000659

交易柜员:320001450D36

交易机构:320001450

打印时间:2022-07-01 11:07:40

(贷方回单)

(收款人回单)

本回单可通过网点自助设备或建行网站校验真伪

票
据
簿

24-12

中国建设银行股份有限公司活期存款明细账

币别：人民币　　账号：3205016163570000000659　　账户名称：江东东方科技有限公司　　日期：20220601-20220630　　第一页

日期	凭证种类	凭证号码	摘要	对方户名	发生额 借方	发生额 贷方	借贷	余额	交易流水号
20220602		10147204867	备用金		10,000.00		贷	590,000.00	320615136z6FPZ430J01
20220602		10147204868	存款			5,980.00	贷	595,980.00	320615136z6FPZ430J02
20220615	电子转账凭证	10147204869	支付货款	江州市智慧办公耗材有限公司	1,650.00		贷	594,330.00	320615136z6FPZ430J03
20220615	电子转账凭证	10147204870	收到货款	江州市汇海科技有限公司		12,000.00	贷	606,330.00	320615136z6FPZ430J04
20220615	电子转账凭证	10147204871	承兑汇票保证金		50,000.00		贷	556,330.00	320615136z6FPZ430J05
20220615	电子转账凭证	10147204872	银行承兑汇票到期	江州市汇海科技有限公司		200,000.00	贷	756,330.00	320615136z6FPZ430J06
20220625	电子转账凭证	10147204873	收到货款	江州市红米有限公司		15,000.00	贷	771,330.00	320615136z6FPZ430J07
20220625	电子转账凭证	10147204874	支付报销款	张磊	2,000.00		贷	769,330.00	320615136z6FPZ430J08
20220625	电子转账凭证	10147204875	支付货款	江州市智慧办公耗材有限公司	3,300.00		贷	766,030.00	320615136z6FPZ430J09
20220625	电子转账凭证	10147204876	工资发放		60,901.47		贷	705,128.53	320615136z6FPZ430J10

打印时间：2022-07-01　14:23:47　　打印机构：建行江州溪溪支行　　打印柜员：320616036AJ4　　打印号：3205016163570000000659

票据簿

票
据
簿

24-13

中国建设银行股份有限公司活期存款明细账

币别：人民币　账号：3205016451523000000458

账户名称：江东东方科技有限公司

日期：20220601-20220630　第一页

日期	凭证种类	凭证号码	摘要	对方户名	发生额		借贷	余额	交易流水号
					借方	贷方			
20220615	电子转账凭证	1014773350564	承兑汇票保证金			50,000.00	贷	50,000.00	3206151362656PZ430J05

打印时间：2022-07-01　14:23:47　　打印机构：建行江州梁溪支行　　打印柜员：3206160366A/4　　打印卡号：3205016451523000000458

票据簿

25-1

银行存款余额调节表

开户银行：　　　　　　　　账号：　　　　　　　　　　　　　　　　　　　年　月　日止

摘要	凭证号	金额	摘要	凭证号	金额
银行存款日记账余额			银行对账单余额		
加：银行已收，企业未收：			加：企业已收，银行未付：		
1			1		
2			2		
3			3		
4			4		
5			5		
减：银行已付，企业未付：			减：企业已付，银行未付：		
1			1		
2			2		
3			3		
4			4		
5			5		
调节后余额			调节后余额		

财务主管：　　　　　　　　　　　　　　　　　制表：

票据簿

库存现金日记账

第 _____ 页

年		凭证		摘要	对方科目	借方										贷方										余额										√
月	日	种类	号数			千	百	十	万	千	百	十	元	角	分	千	百	十	万	千	百	十	元	角	分	千	百	十	万	千	百	十	元	角	分	

26-1

票据簿

26-2

银行存款日记账

开户银行 _____

账 号 _____

第 ____ 页

年		凭证		摘 要	对方科目	借 方											贷 方											余 额											✓
月	日	种类	号数			千	百	十	万	千	百	十	元	角	分	千	百	十	万	千	百	十	元	角	分	千	百	十	万	千	百	十	元	角	分	